臺灣歷史與文化 研究輯刊

八 編

第 27 冊

教育與文學的糾葛書寫
——鍾肇政《魯冰花》研究

吳 秀 綉 著

花木蘭文化出版社

國家圖書館出版品預行編目資料

教育與文學的糾葛書寫——鍾肇政《魯冰花》研究／吳秀綉
著 -- 初版 -- 新北市：花木蘭文化出版社，2015〔民 104〕
目 4+174 面；19×26 公分
（臺灣歷史與文化研究輯刊 八編；第 27 冊）
ISBN 978-986-404-453-5（精裝）
1. 鍾肇政 2. 臺灣小說 3. 文學評論
733.08   104015149

ISBN- 978-986-404-453-5

9 789864 044535

臺灣歷史與文化研究輯刊
八 編 第二七冊

ISBN：978-986-404-453-5

教育與文學的糾葛書寫
——鍾肇政《魯冰花》研究

作　　者	吳秀綉
總 編 輯	杜潔祥
副總編輯	楊嘉樂
編　　輯	許郁翎
出　　版	花木蘭文化出版社
社　　長	高小娟
聯絡地址	235 新北市中和區中安街七二號十三樓
	電話：02-2923-1455／傳真：02-2923-1452
網　　址	http://www.huamulan.tw 信箱 hml 810518@gmail.com
印　　刷	普羅文化出版廣告事業
初　　版	2015 年 9 月
全書字數	146145 字
定　　價	八編 29 冊（精裝）台幣 58,000 元

教育與文學的糾葛書寫
——鍾肇政《魯冰花》研究

吳秀綉　著

作者簡介

吳秀綉 1973 年生於雲林，曾任幼稚園教師、園長，現任鎮東國小教師。自幼喜愛文學，求學階段熱衷校刊編輯，多次參與教育部專刊採訪撰稿，並於 2012 年參與電影《暑假作業》演出；攻讀雲林科技大學漢學資料整理研究所時，以教育與文學為研究切入點，分析《魯冰花》之教育意涵，試圖藉由教育與文學的糾葛，反思現今教育改革，盼能引起教育界更大迴響與省思。並歸納出《魯冰花》的教育貢獻：煥發情感的光輝與關懷、鼓動生命的熱情與豪情、重視品格的價值與養成、培養美術的鑑賞與創作、激發創造的潛能與獨特，以及時代意涵：發揚人性潛能、展現生命韌力、呈顯人道關懷及契合教育改革。

提　　要

　　鍾肇政二次戰後臺灣第一代作家，身為一名「靈魂工程師」，擅長利用小人物的故事情節感動人心，傳達其價值觀。他第一本長篇小說《魯冰花》即是教育與文學糾葛的最佳代表作，該書批判當時教育制度及社會風氣，在社會結構快速改變而教育改革緩慢的現代社會中，儼然成為最具教育性與時代性的文學作品。文學是時代意識的表現，鍾肇政藉由《魯冰花》表現出個人及時代的感遇，發揮人道關懷，將觸鬚深入臺灣人心靈隱密的角落，藉由文學作品的呈顯，透露作者所欲鋪陳敘說其對教育制度與社會風氣的責任與批判。

　　本論文研究重點為鍾肇政《魯冰花》的教育與文學糾葛書寫，試以教育與文學二者互動的角度為研究切入點，採歷史研究法、文獻分析法與意義詮釋法，透過對鍾肇政創作歷程與時代環境的分析，《魯冰花》文本創作、敘事結構、人物刻畫、悲劇意識，以及對教育議題的激盪，輔之以文學、教育、心理等理論。探討《魯冰花》能歷久不衰且為教育帶來迴響之因、文學作品與教育議題之間的關聯性因素及形成之意涵，從中發掘現代情感教育、生命教育、品格教育、美術教育與創造力教育等議題之概念與啟發，得其教育貢獻與時代意涵之警示論點及價值導向，實為《魯冰花》小說廣為流傳之因。

誌　謝

　　蹉跎十餘年的光陰，重拾書本走進人生另一學習殿堂——研究所。在職場薪資的轉振點，何其曼妙的緣份，讓我從教育領域走向文學殿堂；何其幸運，漢學所的師長與同學們，讓我離開求學階段的十多年後，再次享受師生之情與同學之愛。如今，即將告別親愛的師長與同學們，心中萬般不捨，回顧過去種種，師長們的專業涵養與親切關懷、同學們的切磋砥礪與體諒支持，增添心中離別的情緒，而心中感激之情無法一一道盡，在我的生命中，感謝有您們的陪伴。

　　試圖以 Petersen（1989）影響教師專業成長的條件之一「Key Individual」，即重要他人的概念，來表達我對指導教授——吳進安所長的感謝之意。回想未入學前，教授親切答應指導，乃至於課業學習與論文寫作過程的困頓與迷惑，以及「2010 斯文在茲——漢學研究學術教育交流暨研討會」大陸華中科技大學之行等。皆因恩師細心指導與用心規劃，使我對論文架構的嚴謹性與邏輯性能更深入思考，並掌握重要核心概念作論述與論證，且開闊國際視野並順利完成小論發表。今日碩士論文能順利付梓，吳進安教授確實是我的 Key Individual。回顧這一路的點滴，師母——張麗娟教授更是功不可沒，因為有師母的包容關心與鼓勵叮嚀，在論文寫作過程中，倍感溫馨。

　　感謝漢學所李哲賢教授及聯合大學劉煥雲教授，在口試時的懇切指正，其精闢的見解與親切的指導，使我的視野更加開闊寬廣，讓我的論文能臻至完善。學習猶如一個個的光點匯集，在漢學所求學中，感謝吳進安教授、李哲賢教授、蔡輝振教授、林葉連教授、柯萬成副教授以及黃東陽助理教授亦師亦友的懇切教誨；開啓我對於文史哲的嶄新觀點，讓我從認知上解構既有

的僵化思維；在情意上見識師長優雅的典範風骨；更在技能上參與「2010 國際漢學學術論文研討會」，有此學習契機，讓自己在工作之餘能涵養學問，在此，著實感念帶領我悠遊於學術殿堂的師長們。

若將碩士求學階段比擬成佈滿繁花與毒草交錯的驚豔與危險之旅，真慶幸有詩婷、國峰、奕豪、宛筠、紓凡、寬佑、筱涵、雅君、嘉君與秀靜、顯宗、秀曇、羿鈞與琬貞學長姐等的鼓勵與協助，尤其詩婷在國圖資料蒐集上，著實給予莫大的助益，這份情感刻骨銘心，深埋我心！

最後，感謝爸媽兩年來對我的包容與支持，因為您們珍貴的親情，讓我得以在倉皇繁忙的生活中——專心工作、認真修課、完成論文並取得學位。當然，若沒有姊姊、姊夫、妹妹、弟弟、弟媳及暐傑在學業上的相互砥礪，又怎會激勵我邁向研究的殿堂呢？在此，藉此論文獻給我最摯愛的親人。謝謝您們！當然，親密愛人及其家人的心靈對談、關心問候與包容體諒，總在思緒枯竭或面臨挫折時，觸動寫作靈感及給予安慰叮嚀，是我底心不能說的秘密，亦是衷心所要表達謝意的人。

紙短情長無法道盡所要感謝的人，包括服務學校——鎮東國小同事以及第 66 屆六年三班 36 位學生。研究所學習過程中，因為有同事的協助與關心、學生的體恤與自理、家長的體諒與包容及雅雯與心馨的英文摘要翻譯，才得以成就此論文的誕生。尤其是雅雯在繁忙的特教工作下，細心聽我闡述論文主旨與大意，欲使英文摘要更貼近我意，甚至犧牲春假假期，竭盡所能完成英文摘要，感激之情溢於言表。礙於篇幅無法道盡感激之情，但內心對你們相助之情不曾遺忘——感激在心！

謹此　祝福大家身體健康、平安如意

秀綉　謹誌　2011 年 5 月

目
次

第一章 緒 論

第一節 研究動機與目的

一、研究動機

　　文學作品是時代生活的反映、人類思想理念的表達與傳揚。偉大的文學作家所創作的作品能震古鑠今，主要的關鍵是他能基於人性的光輝而發揮人道的精神，創造一個共通性、有血有肉的代表人物與故事，成為當代與後世傳頌景仰的典型，包含無限的真理與熱愛，普遍的流傳在人類的心中，而歷久彌新地感受到榮耀與發出禮讚。凡此種種，便是文學作品的功能、教育以及藝術價值，更是文學容易被接受和垂世不朽的明證。

　　文學作品具有潛移默化的教育功能，可以堅定人類的信念、抒展情愫，開闢美好的人生境界，因此可稱得上為人生而文學的作家，他的神聖使命，非筆墨所能言喻，尤其是一個時代的偉大作家，其所寫出的作品，更富有民族情感和人生奮鬥意識，使讀者充滿快樂和希望，絕不向惡劣的環境低頭，絕不走向頹廢和自暴自棄的絕路，因為真理和正義，永遠是文學創作的主題；愛情和生命是文學成長的花朵，歷史的陽光始終照耀在文學的大地上，讓有完美理想及堅強意志力的作家永遠沐浴和佔有。

　　臺灣自古以來是個「移民社會」、「漢蕃雜居」的多種族語言社會，又因臺灣特殊的歷史際遇，近百年來夾在中國與日本之間，文化的衝突與國家的認同幾經轉折，使臺灣文學的發展有複雜多變的歷程，其間創作者的內心衝

突，也極爲繁複曲折，林瑞明〔註1〕認爲臺灣文學有獨特的內涵，值得累積研究，爲歷史定位。〔註2〕

臺灣舊文學始於明太僕寺少卿沈光文〔註3〕，1652年因颱風漂流到臺灣，其爲舊文學的播種者，而稱「流寓文學」。臺灣在特殊的歷史際遇下，舊文學想要有效地表現出民眾的心聲卻是力有未逮。日治時期苛酷的殖民統治，使得臺灣民眾被剝削、被欺凌，但是舊文學仍然屬於一部份懷舊知識份子吟風弄月的工具，其無法反映臺灣民眾苦難的現實亦是事實。於是，從1920年代開始，臺灣文學進入一個嶄新的階段，那就是臺灣新文學運動〔註4〕的發軔。

臺灣文學界人稱「鍾老」的鍾肇政終年熱心推動臺灣文學〔註5〕，成爲臺

〔註1〕 林瑞明（1950～）成功大學歷史系副教授，著有《臺灣文學的歷史考察》、《臺灣文學的本土觀察》等。

〔註2〕 林瑞明：《臺灣文學的歷史考察》（臺北：允晨文化實業股份有限公司，1996年），頁3。

〔註3〕 沈光文（1612～1688），字文開，號斯庵，明代浙江鄞縣人。1652年從金門搭船赴泉州途中遇颱風，漂流至臺灣宜蘭，後移居臺南，此後未再歸大陸，爲明末最早來臺定居的文人。

〔註4〕 葉石濤：《走向臺灣文學》（臺北：自立晚報社文化出版部，1990年），頁170。1920年代於日本殖民統治下產生的臺灣新文學運動，歷經三大論戰——新舊文學論戰、鄉土文學論爭、臺灣話文論爭，臺灣文學主體性的概念於1930年代初葉已具體成型。見林瑞明：《臺灣文學的歷史考察》，頁28。

〔註5〕 從日治時期新文學運動以來，臺灣的作家們一向把自己所建立的文學稱爲臺灣文學。見葉石濤：《臺灣文學史綱》（高雄：春暉出版社，1998年），頁170。所謂：「臺灣文學」是因爲四百年來，臺灣這個特定的生活空間，由於它特有的歷史經驗，和此地廣大民眾所獨有的處境、苦難、希望以及奮鬥的目標，於是形成「臺灣文學」這一特異的文學風貌。見李喬：《臺灣文學造型》（高雄：派色文化出版社，1992年），頁6。

從歷史考察：「臺灣文學」的性格是反封建、反帝反迫害的文學，更是特別關心大眾疾苦的文學，即最富人道精神的文學。從現實角度看：「臺灣文學」的性格是生活在臺灣的人們苦樂悲歡的發言人，理想與期待的發言書。至此「臺灣文學」已然確有獨特的位置、意義、價值以及充滿可能性的文學實體。從現階段努力重點看：「臺灣文學」的性格，仍然繼承它的歷史性格，注意反映現實，關心多元社會的諸象，以期繼續提昇生活素質，改進大眾生活。另一方面又是醫治懷有流亡心態的人們，拾回面對現實積極人生的靈藥。見李喬：《臺灣文學造型》，頁13。

臺灣文學整體性概念之成立，是在日本統治之下，隨著三十年代臺灣左翼文學的反殖民體制而發展出來的具有獨立性格的概念，以區別於日本文學，雖然以漢文書寫，但絕非同一年代發展中的中國文學所能概括，主要理由是在政治上臺灣不屬於中國。見林瑞明：《臺灣文學的歷史考察》，頁82。

灣文學界的重要領導者，與撰寫《臺灣文學史綱》的葉石濤〔註6〕並稱臺灣文學界的「北鍾南葉」，因此，許多後輩都尊稱他一聲「鍾老」。

對於臺灣文學的光明前景，鍾肇政曾說：

> 自來有一種說法，認爲文學所要表現的，是人生的眞實，或云眞實的人生。倘使這種說法可以成立，則七十年來的臺灣文學，確實也表現了人生的眞實、眞實的人生。儘管在這七十年間，曾經有無其數的橫逆加在她身上，然而她在備受壓抑與阻礙下，依然緊緊扣住社會的脈動，爲歷史，也爲眞實的人生、人生的眞實，留下了珍貴的見證。換一種說法，她始終不願淪爲統治者的御用工具，保持其文學尊嚴，儼然確立了她自主的風貌。〔註7〕

> 文學固然以創作優美的藝術作品、表達深邃的人類思維，以期有助於提昇人類心靈爲最高境界，然而當社會充滿不公不義之際，提出鍼砭，俾有所匡正，卻也是做爲一名「靈魂工程師」者責無旁貸之事。〔註8〕

文學既是語言的藝術，而在語言一統的背後，也背負著沈重的思想，反共八股、教訓意味濃重的社會集體意識，甘於臣服嚴格的出版品審查制度，好的文學作品不多，當然形成「最大的空白期」〔註9〕。這時期的臺灣文壇被戰鬥

〔註6〕 葉石濤（1925～2008）生於臺南市打銀街，小學前曾接受兩年漢文私塾教育，畢業於臺南州立第二中學校（今臺南一中）。做過日本作家西川滿主持之《文藝臺灣》的編輯，擔任國小教師四十六年。白色恐怖時期曾因「知匪不報」罪名被判刑五年、坐牢三年。其文學成就主要在短篇小說和評論。中學三年級時期完成一篇日文小說〈媽祖祭〉，向文學之路邁出第一步。〈林君寄來的信〉爲第一篇發表的作品。戰後，精讀《紅樓夢》學習中文，改用中文寫作，源源寫出〈葫蘆巷春夢〉、〈羅桑榮和四個女人〉、〈獄中記〉、〈紅鞋子〉、〈西拉雅末裔潘銀花〉等作品。接著陸續發表多篇自傳性散文，創作的筆仍未停歇。中學時即廣泛閱讀世界文學作品，1950 年發表多篇世界文學的評論文章。1965 年〈臺灣的鄉土文學〉發表於《文星》雜誌，開始寫作家作品論。從此，文學評論理論與創作並行。1987 年完成的《臺灣文學史綱》是臺灣人自己撰寫的第一部臺灣文學史，意義重大。臺美人文獎、中國時報文化貢獻獎、眞理大學臺灣作家牛津獎、高雄縣文學獎等等獎項曾先後頒給他，1999 年獲得成功大學文學博士，2001 年獲國家文藝獎。

〔註7〕 鍾肇政：《鍾肇政回憶錄（一）徬徨與掙扎》（臺北：前衛出版社，1998 年），頁 290。

〔註8〕 同前註，頁 291。

〔註9〕 五〇年代是戰後第一代臺灣作家「誕生」的年代，這個年代末期，戰後第二代作家也次第出現並嶄露頭角，但因反共文學、鄉愁文學等佔據所有文學園

文藝、反共文學霸佔，太多向彼岸筆伐批鬥的文學作品中，藝術的真善美本質已蕩然無存。

　　鍾肇政的文學本質是為藝術而藝術，具有浪漫的氣質，亦有為人生而藝術和寫實的特色。他的藝術觀是要服務於善良、正義和人道精神，既非自我意識、逃避，也非意識形態、強烈批判社會。簡言之，鍾肇政的文學特色涉及到使命感與脫離使命感的掙扎，內心裡佔主導地位的思想應該是浪漫主義〔註10〕思想，不過，他的文學傾向也可以說是一種矛盾。總之，他是無法被任何文學派別歸類，這也就是他文學創作的豐富性。鍾肇政能將平凡化為藝術、從平淡體味出生，能夠化繁為簡，從無創作出有，這就是他的豐富，這也是他的三部大河小說成立的基礎。〔註11〕

　　鍾肇政在文學創作上擅長長篇小說的構築，被認為是臺灣「大河小說」〔註12〕開創者，代表作有《濁流三部曲》、《臺灣人三部曲》、《高山組曲》、《八角塔下》、《魯冰花》、《怒濤》等，作品中富於理想主義、臺灣文史地特色與女性人物形象等，對當代文學創作有深遠的影響。〔註13〕

　　　　地，加上文字工具問題，形成「最大的空白期」。此時，不反共不歌德的臺灣作家，自然難望獲得一席之地，空白時期的形成便屬順理成章。見鍾肇政：《鍾肇政回憶錄（一）徬徨與掙扎》，頁224。

〔註10〕浪漫主義（Romanticism）始於十八世紀西歐的藝術、文學和文化運動，約發生在1790年工業革命前後。注重以強烈的情感作為美學經驗的來源，且強調不安、驚恐等情緒，以及人在遭遇大自然的壯麗時表現出的敬畏。浪漫主義是對啟蒙時代以來的貴族和專制政治文化的顛覆，以藝術和文學反抗對於自然的人為理性化。其重視民間藝術、自然以及傳統，主張一個根基於自然的知識論，以自然的環境來解釋人類的活動，包括：語言、傳統、習俗。浪漫主義致力於宣揚那些在他們看來被忽略的英雄個人所達成的成就，它正當化個人的藝術想像力，並將其作為最重要的美學權威之一，突破對於藝術的傳統定義。見葛哈特・舒爾慈（Gerhard Schulz）著、李中文譯：《浪漫主義：歐洲浪漫主義的源流、概念與發展》（臺中：晨星出版有限公司，2007年），頁10～47。

〔註11〕錢鴻鈞：臺灣客家文學館 http://literature.ihakka.net/hakka/author/zhong_zhao_zheng/author_main.htm，2010年8月5日。

〔註12〕臺灣文壇上首先出現「大河小說」一詞，由葉石濤提及：「凡是夠得上稱為『大河小說』（Roman-fleuve）的長篇小說必須以整個人類的命運為其小說的觀點……」見葉石濤：《臺灣鄉土作家論文集》（臺北：遠景出版社，1979年），頁148。

〔註13〕臺灣文學 http://dcc.ndhu.edu.tw/literature/author26.htm，2010年8月5日。

　　《臺灣文學十講》〔註14〕、《鍾肇政回憶錄（一）》及《鍾肇政回憶錄（二）》等書中，研究者發現鍾肇政終生不遺餘力奉獻於臺灣文學的推動，終其一生都以做臺灣文學的守護者自居，從未將自己定位是兒童文學作家。2002 年 12 月 7 日，桃園縣文化局為出版的《桃花源魔法學院作品珍藏版》兩本新書舉行新書發表會，上集《叫醒快樂精靈》收錄鍾肇政〈姑媽做的布鞋〉，鍾肇政應邀致詞時表示：「我是兒童文學界的逃兵，如果不是看到書，我都快忘記我曾經寫過那些作品。」〔註 15〕鍾肇政雖然沒有長期在兒童文學園地耕耘，但是，1950 年鍾肇政進入文壇之初，一邊教書、一邊做翻譯，還用九龍、正先、鄭先、玖等筆名，零星地在《中央日報》、《新生報》等刊物發表童話、故事及散文共數十餘篇，後經整理收錄在《鍾肇政全集 14：中短篇小說二》，所以說，鍾肇政曾寫出一些兒童文學作品是不爭的事實。〔註 16〕

　　鍾肇政最為兒童文學界讚賞的作品莫過於 1962 年由明志出版社出版的《魯冰花》，這部小說於 1989 年改編成感人肺腑、賺人熱淚的電影，並榮獲第二十六屆金馬獎及第四十屆柏林國際影展人道精神特別獎等獎項；又於 1999 年由桃園文化中心評選為「臺灣（1945～1998）兒童文學一百」〔註17〕，更於 2005 年榮獲聯合新聞網網路票選「文學作品改編成戲劇或電影」的第一名。除此之外，2006 年時由客家電視臺拍成電視劇後，不但深受好評，而且收視率更創下客視開播記錄，這也興起國人重拍魯冰花電影之旋風。2009 年

〔註14〕鍾肇政著、莊紫蓉編：《臺灣文學十講》（臺北：前衛出版社，2000 年）。

〔註15〕桃園縣文化局於 2002 年 12 月 7 日，為「桃花源魔法學院作品珍藏版」舉行新書發表會時，鍾肇政應邀致詞所言。

〔註16〕謝鴻文：《凝視臺灣兒童文學的重鎮——桃園縣兒童文學史》（臺北：富春文化事業股份有限公司，2006 年），頁 70。見邱各容：《臺灣兒童文學史》（臺北：五南圖書出版股份有限公司，2005 年），頁 73。書中提到：直至六〇年代，臺灣的兒童文學界主要還是以隨政府來臺的大陸文人作家為主，臺灣的在地作家像陳千武、張彥勳、林亨泰、詹益川、鍾肇政、林鍾隆等都歷經跨越蕃籬的生命歷程，從以日文創作轉換到以中文創作，期間的過程，冷暖自知。從以上兩本書中整理出：1974 年鍾肇政出版兩本新編臺灣民間故事《靈潭恨》和《大龍峒的鳴咽》，繼而由臺灣省教育廳出版的「中華兒童叢書」出版鍾肇政撰寫的兒童文學著作有《茶鄉滿地的龍潭》（1982）、《姑媽做的布鞋》（1983）及《第一好張得寶》（1985）三本書，另外，1983 年收錄於洪建全教育文化基金會出版的《中國智慧的薪傳》中〈燒字紙的故事〉及〈雲的故鄉〉等。

〔註17〕行政院文建會主辦，臺東師範學院兒童文學研究所承辦的「臺灣兒童文學一百」票選活動。

4月3日電影上映，片名為《新魯冰花‧孩子的天空》，劇情改編自鍾肇政《魯冰花》，不同的是本片以兒童繪畫教育為主題，減少政治劇情。導演陳坤厚原本對重拍魯冰花意願不高，但在得知臺南縣後壁鄉樹人國小美術教師吳鴻滄效法《魯冰花》故事，自願到偏遠小學落實教學理念，因而受到感動得以完成劇本。

《魯冰花》這部小說甚獲文壇前輩林海音〔註18〕的賞識，1960年3月29日起至6月15日，以筆名鍾正發表於林海音主編的《聯合報》副刊，使鍾肇政在文壇上一鳴驚人，並為其帶回一座臺北西區扶輪社文學獎。其實，《魯冰花》的連載，可謂是無心插柳柳成蔭。事實上，鍾肇政當時可是位退稿專家，但其念念不忘要寫一本長篇小說，於是完成《魯冰花》，林海音寫給鍾肇政的信中提到：

> 因為預定中的連載作品沒有到，而你的〈魯冰花〉寄來了，所以連夜拜讀，覺得很不錯，就讓它開始連載。〔註19〕

《聯合報》副刊這一步的跨越，因為是戰後省籍作家長篇作品首度在《聯合報》副刊連載，格外引人側目，又因《魯冰花》連載期間讀者反應相當熱烈，讓鍾肇政從默默無聞的退稿專家一舉成名。《魯冰花》是鍾肇政第一篇長篇作品，有人說那是鄉土文學先驅的作品，也有人說是少年小說或是兒童文學，鍾肇政認為這樣的說法也未嘗不對。不過，他個人認為那是一本批判性的作品，批判什麼呢？他說：

> 我稍微成名了，就繼續往長篇創作這方面走……批判什麼？比方說，賄選。戰後不久臺灣就有選舉，臺灣有選舉就有賄選……賄選是批判的一個對象。〈魯冰花〉也探討了一些教育的問題，比方對於有錢有勢的人的子弟特別看待啦；美術教育方面，要畫得很像才可以得獎才被承認……這是教育的很大的缺陷。到目前我們臺灣的教育還是千瘡百孔，問題很多。最近教育改革的問題被談得很多，教育改革真的是牛步化。〔註20〕

〔註18〕林海音（1918～2001），祖籍臺灣苗栗，生於日本，長於北平，畢業於北平世界新專，曾任北平《世界日報》記者和編輯。1948年與夏承楹舉家返臺，寫作與編輯是林海音精神生活的兩大支柱，其跨足寫作、編輯和出版，是位被尊稱為「生活導師」的文壇耆宿，著有《林海音童話集》等書。

〔註19〕鍾肇政著、莊紫蓉編：《臺灣文學十講》，頁70。

〔註20〕同前註，頁72～73。

《魯冰花》電影上映後，鍾肇政曾撰文回應說：

> 這是整整三十年的舊作，書中許多細節都已遺忘，看過拍出來的片
> 子，等於重溫了一次「舊夢」，不免有所憮然，亦有所喟然。心想那
> 是多麼「鄉土」的年代，那些人物又是多麼的「鄉土」啊。然而，
> 毋待細想，便又禁不住為之瞿然而驚。書中（在片子裡也透露出來
> 了）所探討的幾件事，經過三十星霜，竟然還活生生地存在於現今
> 社會中。主要者如扼殺個性的教育……以及由此衍生下來的人性之
> 愚昧落伍，真不知造成了多少扭曲與戕害。他如貧富問題、賄選問
> 題等等，三十年前還只是初萌的敗象，如今視之，誰又能說不是「於
> 今為烈」呢？〔註21〕

歷經近五十載，我們回頭省思鍾肇政所說的「初萌的敗象」是否「於今為烈」
呢？這是一個教育與社會糾葛的問題。傅林統〔註22〕對《魯冰花》十分推崇，
他從教育的觀點分析主角郭雲天，認為故事起源於宓靜的鄉野世界，可是在
平靜的湖面，突然投入一顆激起漣漪的石子，那就是郭雲天的出現：

> 他是個少不更事的青年，如同夏目漱石的《少爺》，純真、率直、有
> 理念、有熱情。尤其對藝術觀的執著更是令人佩服。這樣的人物投
> 進了鄉愿、因循、世故的學園裡，怎不引起陣陣波濤呢！
>
> 《魯冰花》對教育的諷刺，集中火力在「藝術教育」。為什麼教師的
> 「美術鑑賞力」，總是在扼殺兒童的「圖畫天才」？……是師資培養
> 出了問題，還是教育制度，或是學校風氣出了問題？

長年在教育崗位上的傅林統以教育的觀點分析《魯冰花》可謂一針見血，
他提出以上的疑問的確都出了問題。然而，還有一個潛藏的問題，即是來
自社會的僵化價值觀更是不能被漠視忽略。除此之外，鄭清文〔註23〕於1962

〔註21〕鍾肇政：《鍾肇政全集21：隨筆（五）》（桃園：桃園縣文化局，2002年），頁
693。

〔註22〕傅林統（1933～），臺灣桃園人，筆名林桐，畢業於新竹師範專科學校語文教
育學系，擔任國小教師、主任、校長共四十餘年，熱衷兒童文學的研究、創
作、教學與推廣，為臺灣兒童文學理論研究的前行者之一，長期投入兒童文
學的理論研究與探討。著有《傅林統童話》、《小獵人》、《春風姊姊》、《小龍
的勇氣》、《智商180小獼猴》、《偵探班出擊》等。曾獲教育部少年小說創作
獎、教育部研究著作優等獎、新聞局著作金鼎獎等。

〔註23〕鄭清文（1932～），臺灣臺北縣人，生於桃園。臺灣大學商學系畢業，任職銀
行四十多年，1998年退休。1958年在《聯合報》副刊發表第一篇作品〈寂寞

年 10 月 11 日在《聯合副刊》發表〈讀：《魯冰花》〉一文中亦指出：

> 它還是一本毫無脂粉氣的教育小說。在本書裡，作者有種企圖。他
> 想向大家提出一種新的繪畫教學法。「一張畫的好壞並不在於它的
> 『像不像』，一張好畫必須訴之直覺的表現，必須有主張，有自
> 我……」這正是作者最大膽的假設。〔註24〕

綜觀上述，我們不難發現《魯冰花》確實反映六〇年代教育與社會糾葛的
問題，而教育是端正社會風氣的主要方法之一，人們對教育總存在著愛恨
交織的情節，易將社會的繁榮歸功於教育的功勞，也易將社會的動盪不安
歸咎於教育的失敗。在《魯冰花》一書中，鍾肇政巧妙地在臺灣文學「最
大空白期」時，以文學作品反映六〇年代的教育環境、社會弊端、貧富差
距、校園腐敗等問題；時至今日，重新檢視當今的教育問題與環境，變革
的年代猶需純真的夢想。故此，研究者欲透過《魯冰花》一書之研究，探
討《魯冰花》在教育上的意涵與啟發性。另外，研究者深感在六〇年代臺
灣文學的環境下——無根與放逐〔註 25〕，鍾肇政有著令人敬佩的勇氣，敢
於挑戰當時環境，其透過作品反映社會諸多問題，實有傳統文人之風骨，
其何以如此？有何動力激發其創作之熱情與執著，實有探究之必要，是為
研究者研究動機之始。

其次，在混沌的六〇年代，《魯冰花》有如在廢地荒土上開出的清麗花朵，
鍾肇政以其清明之眼、磊落之心，從教育入手，更深的痛惜還是緣於社會。
畢竟學校是社會的縮影，鍾肇政化身郭雲天的沈痛吶喊，不僅僅是為古阿明
這個體，實應放大到整個國家社會的層次，愈是多元富裕的現代社會，愈是
需要《魯冰花》這般清響的晨鐘暮鼓。

綜上所述，不論鍾肇政或是《魯冰花》，至今亦為臺灣文壇與文學之瑰寶，
但國內外學術研究之質與量均感不足，不無缺憾。因此，本文以教育與文學

的心〉，1965 年出版第一本小說集《簸箕谷》，短篇小說選入前衛出版社出版
之《臺灣作家全集》，1998 年出版《鄭清文短篇小說全集》七卷。作品被譯成
日文、英文。曾獲「臺灣文學獎」、「吳三連文學獎」、「時報文學獎推薦獎」、
「金鼎獎」、「小太陽獎」等重要獎項。1999 年，由美國哥倫比亞大學出版的
短篇小說集《三角馬》英文版，獲得美國舊金山大學環太平洋中心所頒發的
「桐山環太平洋書卷獎」。目前致力於臺灣童話文學的創作，出版《燕心果》、
《天燈‧母親》等童話。

〔註24〕鄭清文：《臺灣文學的基點》（高雄：派色文化出版社，1992 年），頁 101。
〔註25〕葉石濤：《走向臺灣文學》，頁 111。

視角深入分析鍾肇政《魯冰花》，或可創造出一個新的視野，以彌補過往之不足，是爲研究者研究動機之二。

第三，在前人研究文獻中，截至吾人研究之前，有關研究鍾肇政《魯冰花》的碩博士論文屈指可數，僅有郭秀理《論鍾肇政的《魯冰花》》〔註26〕與吳佳美：《兒童角色論：以《魯冰花》爲例》〔註27〕之碩士論文研究。爲研究上之參考，本文將郭秀理與吳佳美之論文簡述如下：

吳佳美的研究聚焦於兒童角色論，以《魯冰花》文本中三位兒童角色——古阿明、古茶妹與林志鴻做爲剖析和研究對象，探討鍾肇政筆下兒童角色和整理出兒童角色析論，以此做爲探究兒童角色形貌與個性刻畫、出場與情節張力、和成人的互動以及行爲動機的依據。吳佳美並闡述《魯冰花》的創作緣起和鍾肇政的兒童觀，同時，引用亞伯蓋特的理論專書《美國自然與寫實主義之小說家》藉以分析作者的寫作風格和時代意義。〔註28〕

郭秀理論文指出之故事結構、基調與人物刻畫等確爲《魯冰花》之主要脈絡；而吳佳美將研究重點聚焦於兒童角色論，也是研究的視角。但研究者認爲《魯冰花》仍有進一步研究之空間。因爲，不論郭秀理或是吳佳美論文中對於社會層面、主題意識、敘事結構、語言風格、文學技巧及教育議題的探討較爲薄弱。因此，筆者除了肯定郭秀理與吳佳美論文研究之貢獻外，亦將針對兩人論文中未發揮之處加以論述，並且提出研究者從教育與文學之視角探討的發現成果，供後續研究者參考，是爲研究者研究動機之三。

再者，研究者深感鍾肇政爲戰後第一代作家——五〇年代僅存的文壇瑰寶，「鍾老」即是我們文學與教育的瑰寶，因爲，他不僅是一位文學藝術家，也是一位桃李滿天下的教育工作者，更是社會變遷中具有自覺意識的社會運動者。他見證臺灣從日治、光復、二次大戰後到民主的文學與教育歷程，這更激發研究者欲以教育與文學的交揉，激盪出彼此間的火花。鍾肇政曾在《中國時報》高有智等記者採訪時說：「我是一名盡責的老師，但不是一名好老師。」〔註29〕鍾肇政謙稱自己不是完全奉獻教育的好老師，因爲他熱愛文學，喜歡

〔註26〕郭秀理：《論鍾肇政的《魯冰花》》（臺東：臺東師範學院兒童文學研究所碩士論文，2001年）。

〔註27〕吳佳美：《兒童角色論：以《魯冰花》爲例》（臺東：臺東師範學院兒童文學研究所碩士論文，2011年）。

〔註28〕同前註，頁 i。

〔註29〕高有智：〈戰前→戰後　鍾肇政ㄅㄆㄇㄈ現學現賣〉，《中國時報》A6版，2010年9月2日。

寫散文、小說，學生放學後就埋首桌案、筆耕不輟，不過，當年也曾帶過升學班，負責數學與作文，晚上還要幫學生補習。〔註30〕這樣一位懷有豐富生命情感的文學瑰寶，《魯冰花》之作品對其生命歷程當有深刻的影響，正為研究者研究動機之四。

綜觀上述，筆者認為鍾肇政之《魯冰花》確有值得研究之處，因此，《教育與文學的糾葛書寫——鍾肇政《魯冰花》研究》乃為研究者欲研究之主題，試以教育與文學觀點來研究《魯冰花》，以下為研究者研究此議題之思維脈絡，簡述如下：

（一）何以鍾肇政六〇年代的文學作品《魯冰花》能歷久不衰，至今仍引起教育界的迴響，並收錄於南一版國民小學六年級國語教科書中？

（二）何以六〇年代文學作品反映的教育與社會等問題至今仍存在？甚至於今為烈？

（三）何以終身推動臺灣文學的鍾肇政，其相關作品之研究屈指可數？

（四）何以不少學者將《魯冰花》歸為兒童文學中？其又如何呈現與情感教育、生命教育、品格教育、美術教育以及創造力教育相互的關聯性？

（五）以教育觀點探討《魯冰花》的啟發與教育性如何可能？

二、研究目的

根據本論文研究主題及研究動機，研究者之研究目的即是對鍾肇政《魯冰花》之作品，以「教育與文學糾葛書寫」為研究的切入點，是為研究《魯冰花》的全新嘗試，企盼此研究能更深入分析《魯冰花》之文本創作，包括敘事結構、人物刻畫、文學技巧、書寫意象及悲劇意識的呈現，探討其教育貢獻與時代意涵。從而分析其作品中所蘊含的情感教育、生命教育、品格教育、美術教育及創造力教育之意義；深究六〇年代時，作者所關懷的議題是否改善並給予客觀的評述，且為《魯冰花》之價值定位，藉此拋磚引玉給予未來研究者新的思考方向。

〔註30〕高有智：〈戰前→戰後 鍾肇政ㄅㄆㄇㄈ現學現賣〉，《中國時報》A6版，2010年9月2日。

第二節　研究進路與方法

一、研究進路

本研究之進路包括下列步驟：

（一）研究對象與問題之界定

根據研究對象與目的，明確界定本研究所欲探討之問題。

（二）研究方法之建立

針對本研究之目的與內容，採取具體可行之研究方法，有歷史研究法、文獻分析法與意義詮釋法等。

（三）蒐集分析相關資料

針對本研究蒐集分析相關專書、學術論文與期刊論文等歷年來研究資料，以作為基礎性研究的資料來源。

（四）文獻回顧與改進方向之研擬

深入探討有關鍾肇政作品歷年來之研究成果，汲取其值得參考之處及預擬議題。

二、研究方法

本論文著重教育與文學的糾葛，因此，將依序探討結構、人物及主題。首先由社會背景著手，依政治、經濟、教育與社會等四個層面分析此書的社會背景，接著，透過《魯冰花》一書中的敘事結構、文學技巧、人物刻畫、書寫意象及主題意識等五個層面，最後歸結鍾肇政在《魯冰花》中所呈現的教育意涵與批判思想等特色。故此，本研究所採用之研究方法有歷史研究法、文獻分析法與意義詮釋法等，茲分述之。

（一）歷史研究法（Historical Investigation）

所謂歷史研究法：是指有系統的蒐集及客觀的評鑑與過去發生之事件相關的資料，以考驗那些事件的因果或趨勢，並提出準確的描述與解釋，進而有助於解釋現況以及預測未來的一種歷程。本研究欲歸納以往有關鍾肇政《魯冰花》研究文獻，並分析其研究成果與不足之處，以作為本研究的基礎。因

此，除了有關鍾肇政《魯冰花》的研究文獻外，筆者亦蒐集相關專書、期刊論文、報紙評論及影音資料等等，以茲分析探究。

（二）文獻分析法（Documental Analysis）

所謂文獻分析法：是指對古籍、經典、專書、傳記做訓詁考據之探討。本研究將針對鍾肇政《魯冰花》之文本，發掘值得探討之議題，並借用比較參照之方法，探究其教育議題在時代中的貢獻與意涵。

（三）意義詮釋法（Meaning Interpretation）

所謂意義詮釋法：是指針對某項研究主題依歷史發展、內在涵義與當代意義等邏輯次序之敘述。〔註 31〕本研究將針對鍾肇政《魯冰花》研究文獻，提出研究動機與目的、研究方法與內容，進而歸納出核心觀點及附屬理論，並探討其教育貢獻與時代意涵。

第三節　研究範疇與限制

一、研究範疇

論及臺灣文學作家，創作數量之豐沛，鍾肇政是其中佼佼者之一。自 1951 年第一篇文章〈婚後〉發表於《自由談》第二卷第四期後，有一貫思想在其中，已脫離腦譯（或譯腦）〔註 32〕階段，終能克服將日文轉換為中文的艱辛，至此，鍾肇政的筆即未曾停歇，孜孜矻矻地在臺灣文學的領地上勤耕不輟。他的長篇小說創作始於 1960 年《魯冰花》，其後，《濁流三部曲》的創作更奠定他在大河小說的地位，在這些作品裡，那熟悉的風土與人情正是屬於臺灣人的歡笑與淚水，鍾肇政的文學創作猶如蜿蜒長河，源源不絕的灌溉在臺灣文學土地上。

故此，本論文研究對象以二次大戰後臺灣現代文學的巨擘〔註 33〕（葉石濤先生語）──鍾肇政之第一部長篇小說《魯冰花》之文本為研究範疇。首先，先探析鍾肇政的創作歷程與時代環境，再進一步分析文本，剖析當時代

〔註31〕 此為鄔昆如與黎建球之看法，參見鄔昆如、黎建球：《人生哲學》（臺北：國立空中大學，1987 年），頁 11～18。

〔註32〕 依鍾肇政的解釋，「腦譯」即為戰後第一代作家以日文思考，在腦海中將其翻譯成中文的過程。見鍾肇政著、莊紫蓉編：《臺灣文學十講》，頁 64～65。

〔註33〕 葉石濤：《走向臺灣文學》，頁 110。

的政治、經濟、教育與社會等四個層面問題，進而深究《魯冰花》創作的敘事結構、人物刻畫、語言風格、文學技巧、意象書寫、悲劇意識及教育議題等，最後，歸納出《魯冰花》之教育貢獻與時代意涵。

二、研究限制

　　從第一章第四節文獻回顧與探討中，得知歷年來學術論文對《魯冰花》之研究著作並不多，雖然使本研究在資料蒐集上出現膠著，但也因為研究著作不多，讓筆者在研究此議題時，更能開疆闢土，展開嶄新的探討。其次，《魯冰花》一書雖為長篇小說，但文中人物大多取材自鍾肇政周遭，場景實即為他生活的桃園縣龍潭鄉及服務的龍潭國校。簡言之，《魯冰花》故事結構相當簡單明瞭，主結構線是繪畫比賽選拔風波，副結構線為成人間的愛情糾葛，最後，兩者合而為一。由是之故，研究者將另闢研究議題，以期豐富論文研究之價值性與時代性。

　　鍾肇政是戰後臺灣文學的領導者，曾創辦《文友通訊》，主編過《臺灣文藝》與《民眾日報》，並編輯《本省籍作家作品選集》、《臺灣省青年文學叢書》與《臺灣作家全集》，且以夥伴精神提攜後進，鼓勵臺灣作家不遺餘力，因而有「臺灣文學之母」的美稱。他的創作文類以小說為主，兼及論述、散文、傳記等。創作數十年來，著作等身，其長篇小說可分成兩大系統，一是以《濁流三部曲》為代表的自傳體小說；一是以《臺灣人三部曲》為代表的歷史素材小說。但《魯冰花》在臺灣文壇上未曾有一明確定位，在此，研究者刻意不討論《魯冰花》的文學類別，期冀更多的研究學者能共同為其定位。

第四節　文獻回顧與探討

一、關於鍾肇政的研究

　　環顧國內對於鍾肇政相關小說作品所討論的論文，根據研究者所蒐集到的學位論文計有二十篇〔註34〕，將依研究出版年代論述如下，藉以瞭解歷年來研究的脈絡：

〔註34〕臺灣博碩士論文知識加值系統 http://ndltd.ncl.edu.tw/cgi-bin/gs32/gsweb.cgi/login?o=dwebmge&cache=1281361089562，2010 年 8 月 10 日、2011 年 2 月 8 日、2011 年 4 月 29 日。

（一）黃靖雅：《鍾肇政小說研究》，東吳大學中國文學研究所碩士論文，1993 年。

　　黃靖雅的論文提到：鍾肇政的題材內容有兩大來源，一是歷史素材，一是個人經驗。歷史素材部分，發展成記述臺灣本土人民五十年抗日史的史詩式作品《臺灣人三部曲》，及以原住民最大抗日戰役「霧社事件」史實寫成《高山組曲》；個人經驗方面，則寫成描述終戰前後到光復初期，本土人民面臨臺灣命運重大轉折期的《濁流三部曲》。其他如《八角塔下》、《青春行》等長篇小說，則是以個人經驗出發；《望春風》、《原鄉人》等人物傳記小說，較接近故事有所本的歷史素材小說，其紀實的成份更重。

　　原住民文學是鍾肇政文學中相當特別的一部分。其長年來受到忽略，近年來因本土主義（或稱本土化）興起而備受矚目的題材，鍾肇政因人道主義的悲憫關懷和個人與原住民相處的感情，早在數十年前已開始寫作有關原住民歷史與文化題材的小說，在本土文學中算是開先河，截至黃靖雅研究前，已成書五部，在「原住民」文學這個領域中數量最多，尤以《高山組曲》是國內第一部原住民大河小說，更為重要。〔註35〕

（二）張謙繼：《鍾肇政《臺灣人三部曲》研究》，文化大學中國文學研究所碩士論文，1995 年。

　　張謙繼提及《臺灣人三部曲》是鍾肇政所有「大河小說」中最廣為人知的一部作品，它將臺灣人反抗外族的悲壯歷史透過文學作品再次展現在世人面前。歷來對這部小說雖有許多的評論，但僅止於表面的評述，偏重在點的研究，尚未擴及到面的層次。因此，張謙繼想藉此論文對《臺灣人三部曲》作較全面的研究。其研究重點有小說類型、主題探討、寫作技巧與人物塑造等四個重點，期望能做到有系統的探討。希望透過論文的研究確立《臺灣人三部曲》在臺灣「大河小說」發展史的地位，以彰顯其重要性。同時也希望以此論文為起點，能激發更多人對鍾肇政作品的研究欲望，將研究提昇到學術研究的層次，不再只是泛論而已，使鍾肇政龐大的「文學體」能一一釐清，彰顯出其作品對臺灣文學發展的意義，讓這位臺灣本土作家得到應有的文學地位。〔註36〕

〔註35〕黃靖雅：《鍾肇政小說研究》（臺北：東吳大學中國文學研究所碩士論文，1993年），頁 i。

〔註36〕張謙繼：《鍾肇政《臺灣人三部曲》研究》（臺北：文化大學中國文學研究所碩士論文，1995 年），頁 i。

（三）王慧芬：《臺灣客籍作家長篇小說中人物的文化認同》，東海大學中國文學系碩士論文，1998 年。

　　王慧芬提出：人類學家認爲「文化」是一個群體所共同的溝通符碼，文化所指的是——共同的觀念與經驗；其內涵超越個人體驗，成爲共有的溝通體系。因此，以此論點觀察臺灣新文學史中對於臺灣本土的認同、臺灣意識的建構，也就是在創造這一個共同觀念與經驗的「文化」。作者以吳濁流《亞細亞的孤兒》、鍾理和《笠山農場》、鍾肇政《濁流三部曲》、《臺灣人三部曲》、《怒濤》、李喬《寒夜三部曲》等四人的長篇小說爲主軸，並以上述作家其他作品爲參考資料印證。〔註 37〕

（四）林明孝：《鍾肇政長篇自傳性小說研究》，中山大學中國語文學系研究所碩士論文，2000 年。

　　臺灣具有被日本統治五十年的殖民經驗。二次大戰後，來自中國大陸的國民政府接掌臺灣政權，展開另一場長達四十年的戒嚴統治。生於臺灣、長於臺灣，曾受日本殖民統治，更經歷國民政府在臺統治五十年的鍾肇政，在戰後三十年間持續推出以陸志龍爲主角名字的長篇自傳性小說，他藉由陸志龍之口見證時代的變動，臺灣人民的悲喜、矛盾、掙扎、苦悶與激越。同時也大膽剖析內心世界，對年少的自我重新做一番審視。鍾肇政的長篇自傳性小說，不僅反映二次大戰前臺灣社會的樣貌，也充分表現一位知識青年對成長中自我的追尋。〔註 38〕

（五）郭秀理：《論鍾肇政的《魯冰花》》，臺東師範學院兒童文學研究所碩士論文，2001 年。

　　郭秀理的論文旨在分析《魯冰花》，包括作家與作品的關係、故事背景、結構、基調、人物刻畫及形象、主題等。研究發現：作品與作家生活經驗相當契合，文中人物大多取材自作家周遭，場景實即作家生活的龍潭鄉及服務的龍潭國校。《魯冰花》雖爲長篇小說，但故事的結構相當簡單，主結構線是比賽代表選拔風波，副結構線是愛情糾葛，最後，兩條結構線合而爲一。《魯

〔註37〕王慧芬：《臺灣客籍作家長篇小說中人物的文化認同》（臺中：東海大學中國文學系碩士論文，1998 年），頁 i。
〔註38〕林明孝：《鍾肇政長篇自傳性小說研究》（高雄：中山大學中國語文學系研究所碩士論文，2000 年），頁 i。

冰花》以「綠意盎然」的景色基調反襯「憂鬱傷感」的情緒基調。人物刻畫及形象採對比技巧刻畫，包括憨直與世故的老師、自信與畏怯的學生、矜持與前衛的女性、貧窮與富裕的父親，另再分析姊代母職的角色形象等。《魯冰花》主題分析，有美術教育觀、一般教育觀及其它等三方面。最後，研究指出《魯冰花》的成就及幾點看法。〔註39〕

（六）林美華：《鍾肇政大河小說中的殖民地經驗》，成功大學歷史學系碩博士班碩士論文，2003年。

林美華的論文主要是透過鍾肇政三部大河小說──《濁流三部曲》、《臺灣人三部曲》、《高山組曲》的文本與主題研究，來綜合探討1945年二次大戰結束以前，臺灣人被日本人統治的殖民地經驗有何相異性。其中只有《濁流三部曲》的第三部《流雲》跨越戰前到戰後，而因鍾肇政所處的環境正值白色恐怖的禁忌年代，所以他心中的怨怒與不滿，在小說中也只能藉隱喻的方式來表達。另外透過鍾肇政大河小說中的人物情節與歷史情境的研究，亦可看出鍾肇政在不同階段時期所形塑的臺灣人形象。〔註40〕

（七）郭慧華：《鍾肇政小說中的原住民圖像書寫》，臺灣師範大學國文系在職進修碩士學位班碩士論文，2003年。

郭慧華提出回望鍾肇政卷帙浩繁、豐沛如長河的小說創作，從1970年《馬黑坡風雲》開始，臺灣原住民的圖像、身影在其文學的鏡頭下聚焦，到1992年《怒濤》連載截稿為止，漫漫二十餘年間，幾乎未有過多間斷，在鍾肇政的作品中，臺灣原住民或者閃現在主角身邊，作為其精神意識的領導；或者昂然挺立在長鏡頭前，演示他們的歷史、英雄與傳說；又或者遙遙在廣角鏡頭下，一圈圈跑著現實人生的馬拉松。仔細檢視，赫然發現這七部長篇與八部短篇「原住民相關作品」，早已在鍾肇政的文學版圖中扎扎實實佔據一塊不小的地盤，值得探究這龐大的創作能量來源為何？他筆下形塑的原住民圖像是如何呈現？其創作意識與寫作策略透露出作家何種情懷？而這些作品，在各族原住民作家高舉身份的大纛，創作出豐富絢爛「原住民文學」之前，又象徵哪一時代意義？結論則將鍾肇政原住民相關作品所呈現的思想內容與寫作策略，作較清

〔註39〕郭秀理：《論鍾肇政的《魯冰花》》，頁 i。
〔註40〕林美華：《鍾肇政大河小說中的殖民地經驗》（臺南：成功大學歷史學系碩士論文，2003年），頁 i。

晰的整理，依各項主題綜合加以分析；並歸納鍾肇政塑造的原住民圖像中男性、女性的特色，追索這些圖像反映出作者情感投射與浪漫想像。〔註41〕

（八）楊明慧：《臺灣文學薪傳的一個案例——由吳濁流到鍾肇政、李喬》，東海大學中國文學系碩士論文，2003年。

楊明慧論文的重點，主要是從文學史的角度來探討「文學的薪傳」這個問題，作者希望以臺灣三個重要作家（吳濁流為主，鍾肇政、李喬為輔）來談他們之間承襲、互相影響的關係。這段文學的薪傳對臺灣整個文學發展有非常重要的意義，重要圖像書寫的意義在於：第一、作品的發展——創作大河小說並發揚光大；第二、雜誌的創辦——增加作品園地，培養文學人才，替臺灣文學做一個更廣闊的宣傳。最後總結全文研究成果，並探討文學上前後的相承在臺灣文學史上有何重要的意義。〔註42〕

（九）劉奕利：《臺灣客籍作家長篇小說中女性人物研究——以吳濁流、鍾理和、鍾肇政、李喬所描寫日治時期女性為主》，高雄師範大學國文學系碩士論文，2004年。

劉奕利論文以吳濁流《亞細亞的孤兒》、鍾理和《笠山農場》、鍾肇政《濁流三部曲》及《臺灣人三部曲》、李喬《寒夜三部曲》為主，其他作品為輔，探討日治時期（1895～1945）及其前後的女性人物。研究目的有四：一、適切評價文本中的女性人物：從語言、行動和心理去剖析小說人物，並按類型去探討人物形象及特色；二、明瞭客籍女性人物的性格特徵：比較小說人物和客籍相關文獻中提及的客家婦女，並分析形成這些特色的原因；三、探討女性人物的社會宰制及對應態度：在日治時期「性別、階級、父權」三重宰制的社會結構中，女性如何自處和對應，客籍婦女的地位和其他族群相較，又有何差異；四、剖析作家創作的心理意識：探究作家的成長環境和創作年代的氛圍對小說塑造有何影響，並分析人物的外在塑造技巧，加以比較。〔註43〕

〔註41〕郭慧華：《鍾肇政小說中的原住民圖像書寫》（臺北：臺灣師範大學國文系在職進修碩士學位班碩士論文，2003年），頁i。
〔註42〕楊明慧：《臺灣文學薪傳的一個案例——由吳濁流到鍾肇政、李喬》（臺中：東海大學中國文學系碩士論文，2003年），頁i。
〔註43〕劉奕利：《臺灣客籍作家長篇小說中女性人物研究——以吳濁流、鍾理和、鍾肇政、李喬所描寫日治時期女性為主》（高雄：高雄師範大學國文學系碩士論文，2004年），頁i。

（十）曾盛甲：《鍾肇政小說鄉土情懷之研究——以《大壩》與《大圳》為例》，臺灣師範大學國文系在職進修碩士學位班碩士論文，2004年。

鍾肇政：「我的文學，希望能始於對斯土斯民的愛與關懷，終於對斯土斯民的愛與關懷，此外別無所求矣。」〔註44〕曾盛甲此研究針對鍾肇政小說一貫之「鄉土情懷」精神作探討，並以《大壩》與《大圳》為例，試圖自「點」的論述，延伸成「線」，最後擴大成「面」，以綜括鍾肇政在臺灣文學這條路上辛勤付出與偉大貢獻。〔註45〕

（十一）洪正吉：《鍾肇政長篇小說中的女性人物研究》，臺南大學語文教育學系教學碩士班碩士論文，2005年。

鍾肇政從初躍上文壇舞臺時，便秉持寫實主義，以臺灣鄉土為其文學主題與發展脈絡迄今。其中，女性與愛情的主題思想在其小說中佔了相當重要的份量，理想女性之追尋一直是鍾肇政在小說中不斷思索的議題。洪正吉反覆精讀鍾肇政小說文本，結合鍾肇政生平背景、愛情觀、時代背景，以及相關的期刊論文、女性主義專書、小說美學理論專書、碩博士論文等資料，進行論文研究。在對鍾肇政文學有較全面性的觀照及研究後，洪正吉認為鍾肇政在客家女性形象的塑造：理想女性的追求歷程所體現熱愛臺灣鄉土的宏大主題、日本精神為底蘊所新生純潔的臺灣精神、婚姻情戀刻畫所展現的生命能量等方面，有極高的藝術成就。然而，由於鍾肇政在其小說中往往陷於個人情感之細膩描述，而其個人情感呈現卑懦、猶疑、徬徨、消極的基調，致使其情節脈絡顯得繁雜、駁亂，連帶削弱其主題思想的批判力度。因此，洪正吉提出鍾肇政在父權文化、養女制度、殖民體制等重大議題的處理上，較缺乏開闊性、破斧性的厚實力量。〔註46〕

〔註44〕鍾肇政所云，轉載自曾盛甲：《鍾肇政小說鄉土情懷之研究——以《大壩》與《大圳》為例》（臺北：臺灣師範大學國文系在職進修碩士學位班碩士論文，2004年），頁 i。

〔註45〕曾盛甲：《鍾肇政小說鄉土情懷之研究——以《大壩》與《大圳》為例》（臺北：臺灣師範大學國文系在職進修碩士學位班碩士論文，2004年），頁 i。

〔註46〕洪正吉：《鍾肇政長篇小說中的女性人物研究》（臺南：臺南大學語文教育學系教學碩士班碩士論文，2005年），頁 i。

（十二）董砡娟：《鍾肇政小說中反殖民意識之研究——以《臺灣人三
部曲》、《怒濤》為例》，臺東大學教育研究所碩士論文，2007
年。

　　鍾肇政是戰後臺灣文學史上傑出作家之一，他的小說內容多取材自其真
實的生活經驗，在經歷臺灣光復後白色恐怖的禁忌年代，文學作品成為其抒
發威權統治下的心理抑鬱窗口。此論文主要以鍾肇政這兩部分別於戒嚴與解
嚴時代完成的小說——《臺灣人三部曲》、《怒濤》的文本與主題研究，探究
鍾肇政在不同的殖民經驗下，所傳達的反殖民意識內涵及其意義。〔註47〕

（十三）王偉音：《鍾肇政與吳錦發成長小說研究——以《八角塔下》、
〈春秋茶室〉為例》，雲林科技大學漢學資料整理研究所碩士
班碩士論文，2008年。

　　《八角塔下》是戰後第一代作家鍾肇政的青春回憶，在日治時代下，將
陸志龍初中五年的生活點滴呈現給讀者，在性、友情、愛情、國家、親情、
思想都有深刻的體驗過程，富有青春愁悶的美感，且屬於臺灣文學中少見的
成長小說；〈春秋茶室〉是戰後第三代作家吳錦發的青春回憶，在八〇年代，
描述發仔升高二的暑假生活，在性、友情、愛情、社會、親情、思想都有深
刻的體驗過程，是作者以創作成長小說為企圖，關心青少年心理。兩部書所
屬的時代不同，其成長主題是否有所異同？最後則從寫作手法來分析兩部小
說成功之處。歸結出成長小說創作，其作品隱含的蘊意，文字的感染力著實
撼動不同的時空、不同國度下的青少年心靈，王偉音期藉此研究做為臺灣成
長小說創作之參考。〔註48〕

（十四）徐惠玲：《臺灣現代小說中的淡水校園成長書寫——以鍾肇政
《八角塔下》、蔡素芬《橄欖樹》為研究對象》，臺灣師範大學
國文學系在職進修碩士班碩士論文，2008年。

　　鍾肇政《八角塔下》是以其中學時代為背景的長篇自傳性小說，小說場

〔註47〕董砡娟：《鍾肇政小說中反殖民意識之研究——以《臺灣人三部曲》、《怒濤》
為例》（臺東：臺東大學教育研究所碩士論文，2007年），頁 i。
〔註48〕王偉音：《鍾肇政與吳錦發成長小說研究——以《八角塔下》、〈春秋茶室〉為
例》（雲林：雲林科技大學漢學資料整理研究所碩士班碩士論文，2008年），
頁 i。

景是日治時代的淡江中學；蔡素芬《橄欖樹》是其暢銷著作《鹽田兒女》的二部曲，故事主人翁祥浩離鄉背井，隻身來到北部讀大學，小說背景是八〇年代中期民歌運動的起源地——淡江大學。徐惠玲選擇「臺灣現代小說中的淡水校園成長書寫——以《八角塔下》、《橄欖樹》為研究對象」為探討主題，主要是因這二部小說不論在質或量（長篇小說）上皆具代表性，且內容不侷限在單一的校園生活中，能夠精準呈現日治時代和 1980 年代的時空背景下，學生生活所涉及的各種複雜面向：校園、友情、愛情、情慾、同志、學業、家庭、社會等。〔註 49〕

（十五）曾玉菁：《鍾肇政《插天山之歌》及其改編電影之研究》，交通大學客家文化學院客家社會與文化碩士在職專班碩士論文，2008 年。

曾玉菁論文以傳記研究和歷史研究的角度，對鍾肇政寫作《插天山之歌》的動機和創作背景，作進一步了解。研究方法是以「後殖民文學」分析脫離日本殖民的歷程，以「女性主義文學」為研究方法，分析奔妹作為女性的覺醒，探討「階級」和「孤女現象」的議題。此外，亦探究《插天山之歌》電影的藝術手法，以及探討小說改編成電影後的相關問題。從人物的形塑和安排、情節的增刪、語言風格、主題意識、時間推移、鋪展地點，以及小說語言與電影對白等方面，對《插天山之歌》電影和原著作比較，並深究小說改編成電影的差異和其意義。〔註 50〕

（十六）王志仁：《臺灣客家小說移民書寫之探究——以吳濁流、鍾理和、鍾肇政、李喬作品為例》，高雄師範大學客家文化研究所碩士論文，2009 年。

臺灣是一個接受移民的島嶼，除了原住民文化外，皆是外來移民文化，其中漢人文化影響較劇，因為閩客移民佔大部分，祖國的認同當然指漢文化而言。對渡過臺灣海峽的漢民族而言，中國的原鄉就是他們的根，含淚離鄉

〔註 49〕徐惠玲：《臺灣現代小說中的淡水校園成長書寫——以鍾肇政《八角塔下》、蔡素芬《橄欖樹》為研究對象》（臺北：臺灣師範大學國文學系在職進修碩士班碩士論文，2008 年），頁 i。

〔註 50〕曾玉菁：《鍾肇政《插天山之歌》及其改編電影之研究》（臺北：交通大學客家文化學院客家社會與文化碩士在職專班碩士論文，2008 年），頁 i。

背井，只因原鄉謀生不易，冒著九死一生的危險來到臺灣這蠻荒之地，只爲生存而已。對於文化傳承只不過是其次的問題，眞正的目的就是找尋一個安身立命的地方，當臺灣成爲原鄉後，文化的認同與傳承就接踵而來，並與原住民文化融合形成臺灣本土文化。原鄉移民的生活點滴在這四位作者作品中有所著墨，字裡行間充分流露先移民的精神。〔註51〕

（十七）劉玉慧：《歷史記憶與傷痕的書寫──鍾肇政《怒濤》研究》，中興大學臺灣文學研究所碩士論文，2009年。

劉玉慧的論文以鍾肇政《怒濤》爲研究文本，先從鍾肇政的生平事蹟、成長背景、寫作風格爲起點，然後再運用俄國文學評論家巴赫汀「文化理論」、薩依德「後殖民理論」、「傷痕文學理論」及傅柯「新歷史理論」，從後殖民、傷痕文學及歷史小說等三個面向，來剖析鍾肇政的長篇小說──《怒濤》。最後，再與其他親身經歷「二二八事件」的小說家，如：吳濁流《無花果》、《臺灣連翹》等作品做一比較。劉玉慧藉此研究，以釐清「二二八事件」在臺灣文學史上的意義。〔註52〕

（十八）吳欣怡：《敘史傳統與家國圖像：以呂赫若、鍾肇政、李喬為中心》，清華大學中國文學系碩士論文，2010年。

吳欣怡以臺灣歷史小說爲主要分析對象，在前行歷史記憶重建、國族／文化認同研究積累上，嘗試拉長時間縱軸；以家國想像爲線索，從文類生產、國族想像、作家心靈史面向，重新開展臺灣歷史小說的課題，描繪不同世代臺灣作家的敘史欲求。最後，歸結大河小說浮出臺灣文壇與文學研究視角，背後的社會歷史環境與心理動因，即大河小說作家與評論家欲以民間敘史補足官方歷史敘事中「臺灣」長期缺位的強烈意圖。吳欣怡認爲，正是在這外部歷史匱乏的情境下，催生出大河小說內裡最具特色的敘史傳統。〔註53〕

〔註51〕王志仁：《臺灣客家小說移民書寫之探究──以吳濁流、鍾理和、鍾肇政、李喬作品爲例》（高雄：高雄師範大學客家文化研究所碩士論文，2009年），頁i。

〔註52〕劉玉慧：《歷史記憶與傷痕的書寫──鍾肇政《怒濤》研究》（臺中：中興大學臺灣文學研究所碩士論文，2009年），頁i。

〔註53〕吳欣怡：《敘史傳統與家國圖像：以呂赫若、鍾肇政、李喬爲中心》（新竹：清華大學中國文學系碩士論文，2010年），頁i。

（十九）陳美燭：《桃園縣 K12 數位學苑臺灣文學網路讀書會之研究——以鍾肇政課程為例》，中正大學臺灣文學研究所碩士論文，2010 年。

　　網路科技的蓬勃發展，使得網路學習風氣隨之興起，網路教學平臺亦逐漸普遍。陳美燭研究旨在探討臺灣文學網路讀書會設計與經營，並以桃園縣 K12 數位學苑中小學教師網路進修課程為例，在網路虛擬學習環境下，進行臺灣文學閱讀學習活動的可行性，以及課程設計與經營成效為何。課程經營重點，針對從學習者的閱讀學習成效、學習者互動關係及授課者的回饋；以及影響 K12 數位學校經營的因素，從政策面、授課者、學習者、課程內容與系統平臺等，綜合研究結果與發現，提出具體可行的建議，作為日後提供教學平臺、學校行政單位、教師教學有關之網路讀書會設計與經營時之參考。〔註 54〕

（二十）吳佳美：《兒童角色論：以《魯冰花》為例》，臺東師範學院兒童文學研究所碩士論文，2011 年。

　　吳佳美的研究聚焦於兒童角色論，以《魯冰花》文本中三位兒童角色做為剖析和研究對象，探討鍾肇政筆下兒童角色和整理出兒童角色析論，以此做為探究兒童角色形貌與個性刻畫、出場與情節張力，和成人的互動以及行為動機的依據。吳佳美說明《魯冰花》的創作緣起和鍾肇政的兒童觀，同時，引用亞伯蓋特的理論專書《美國自然與寫實主義之小說家》藉以分析鍾肇政的寫作風格和時代意義。

　　作者透過歸納、演繹與文本分析評論古阿明、古茶妹和林志鴻三位角色，說明其形貌和個性刻畫代表家庭環境與社會價值；出場與情節張力顯示角色出場次數、方式和情節張力有絕對正相關係，亦使得故事的衝突有了戲劇性的呈現，也讓結局蘊含更深一層意義外，同時留予讀者詮釋與解讀空間。兒童和成人的互動可看出兒童角色的獨立自主能力和兒童與成人的關係，以揭露成人是否重視兒童並視兒童為獨立個體；兒童角色的行為動機分析，則能窺視出兒童內心層面的意識，有助於了解文本書寫的社會權力結構對於兒童所賦予的意義與詮釋，從而得知兒童於社會中所擁有的一定權利、自主和獨立性，同時表達社會對於兒童的期待。〔註 55〕

〔註 54〕陳美燭：《桃園縣 K12 數位學苑臺灣文學網路讀書會之研究——以鍾肇政課程為例》（嘉義：中正大學臺灣文學研究所碩士論文，2010 年），頁 i。
〔註 55〕吳佳美：《兒童角色論：以《魯冰花》為例》，頁 i。

　　綜觀國內鍾肇政小說作品的相關研究文獻，發現歷年來研究者對於鍾肇政著作的研究並無一明確的定位。大致上有客家小說、殖民經驗、人物認同、女性人物、自傳性小說、原住民圖像、成長小說、兒童文學、敘史傳統與家國圖像，甚至延伸至網路讀書會等研究題材。至此，可以體會鍾肇政的著作是豐富多元性，正因為如此，更需要後續研究者積極探討這位二次大戰後第一代作家，當初是如何帶領陳火泉、鍾理和、李榮春、施翠峰、廖清秀、許炳成等人突破障礙，從日文轉到中文，同時也負有傳遞從日治時期而來的新文學運動香火，建立嶄新的臺灣現代文學使命。〔註56〕

二、關於《魯冰花》的研究

　　在臺灣文壇眾多作家中，鍾肇政之著作，無論質量俱豐碩可觀，其對臺灣文學之貢獻亦無庸置疑。在其數量龐大的作品中，以大河小說格局所撰寫《濁流三部曲》及《臺灣人三部曲》無疑是受到較多討論及注目。在蒐集資料過程中，發現截至本文研究前，有關研究鍾肇政《魯冰花》的碩博士論文屈指可數，僅有郭秀理《論鍾肇政的《魯冰花》》及吳佳美《兒童角色論：以《魯冰花》為例》之論文研究，有關《魯冰花》的期刊論文論述有限，以下依出版年代列出，以彰顯研究討論之脈絡並於文末加以綜觀評述。

　　（一）鄭清文：〈讀：《魯冰花》〉，《聯合副刊》，1962 年 10 月 11 日。

　　（二）潘亞暾：〈鍾肇政及其《魯冰花》〉，《黔南師專學報》第二期，
　　　　　　1983 年。

　　（三）鍾鐵民：〈《魯冰花》前的愛情〉，《臺灣文藝》八十八卷，1984
　　　　　　年 5 月。

　　（四）王怡雯：〈我看《魯冰花》〉，《人本教育札記》第三期，1989
　　　　　　年 8 月，頁 49～50。

　　（五）史英：〈從《魯冰花》談臺灣教育的過去與未來〉，《人本教育
　　　　　　札記》第三期，1989 年 8 月，頁 38～46。

　　（六）邱秀年：〈教育三十年——訪《魯冰花》原著鍾肇政〉，《人本
　　　　　　教育札記》第三期，1989 年 8 月，頁 47～48。

〔註56〕葉石濤：《臺灣文學史綱》（高雄：春暉出版社，1998 年），頁 108～109。

（七）楊晴安等八人：〈《魯冰花》研析——臺灣的美麗與哀愁〉，收入臺南女中：《小論文賞析》，1989 年。

（八）陳清河：〈魯冰花〉，《幼獅文藝》第七十卷四期，1989 年 10 月，頁 153～157。

（九）李巧琦：〈《魯冰花》觀後感〉，《書評》第九期，1994 年 4 月，頁 26～27。

（十）黃秋芳：〈解讀《魯冰花》〉，《臺灣文藝》，新生版第四期，1994 年 8 月 20 日，頁 145～151。

（十一）黃文樹：〈《魯冰花》的教育涵義〉，《師友月刊》，第三百二十二期，1994 年。

（十二）傅林統：〈《魯冰花》的叛逆與交集〉（上），《國語日報》1999 年 1 月 17 日。

（十三）傅林統：〈《魯冰花》的叛逆與交集〉（下），《國語日報》1999 年 1 月 24 日。

（十四）邱子寧：〈魯冰花〉，收入《臺灣 1945～1998 兒童文學 100》（臺北市：行政院文化建設委員會，2000 年 3 月）。

（十五）邱子寧：〈閃閃的淚光——鍾肇政的《魯冰花》〉，《國文天地》第十五卷十一期，2000 年 4 月，頁 109。

（十六）張子樟：〈溫柔的抗議——試論《魯冰花》〉，《國語日報》2001 年 3 月 13 日。

（十七）陳姿羽：〈從對比設計看《魯冰花》的人物刻畫〉，收入林文寶主編：《少兒文學天地寬》（臺北：九歌出版社，2002 年 6 月）。

（十八）黃秋芳：〈從《魯冰花》的社會階層流動談鍾肇政〉，《臺灣文學評論》10 月號，2003 年，頁 100～105。

（十九）高麗敏：〈疼惜與祝福——和鍾肇政先生聊近況、談教育〉，《臺灣文學評論》第三卷四期，2003 年 10 月。

（二十）施佩君：〈兒童電影——好個乖女兒——《魯冰花》之古茶妹

之角色分析〉,《中華民國兒童文學學會會訊》第二十卷五期,
2004 年 9 月,頁 11～14。

(二十一) 錢鴻鈞:〈《魯冰花》與《法蘭達斯的靈犬》的比較──談鍾
肇政的創作歷程〉,《臺北師院語文集刊》第九期,2004 年 11
月,頁 181、183、185～200。

(二十二) 戴華萱:〈蒙蔽終要開啓──鍾肇政《魯冰花》的成長論述〉
,《臺灣文學評論》第八卷四期,2008 年 10 月,頁 95～106。

綜觀以上二十二篇期刊論文可知,從 1962 年鄭清文起至 2008 年戴華萱止,
顯現出期刊論文的篇數較爲零星,但仍有研究者將視角擺放在鍾肇政與《魯
冰花》的討論,不論是從教育觀點、閱讀心得、人物刻畫、劇情分析、情感
觀點、電影分析或是社會階層的探討,在在顯示《魯冰花》仍具有時代的教
育性,而以上期刊的討論不少已與郭秀理與吳佳美的論文內容有所重複,本
文不再加以評述。

誠如鄭清文在〈讀:《魯冰花》〉一文中語重心長說:

> 《魯冰花》雖有濃厚的鄉土氣息,但是它卻不是一本純然的鄉土文
> 學……在《魯冰花》裏,沒有巨型的人物,也沒有宏偉的場面。它
> 以臺灣的鄉村作背景,在這個小小的舞臺上出現了幾個極平凡的人
> 物。但這些人物都經過作者苦心地刻畫過,就是書中微不足道的角
> 色,作者也一一給他們血肉和生命。〔註57〕

> 這是一個悲劇……但古阿明的死如果能給無智的人一點啓示,給冥
> 頑不化的人一點自省,世上也許可以少發生一些悲劇。作者說有責
> 任把它寫完,也許就是指這一點吧?〔註58〕

研究者再度回顧此書的內容,依舊樸實平凡、依舊感動人心,猶如浩瀚星空
的小星星,照耀著時代巨輪下的青年學子;而鍾肇政文學依舊在進行中,不
過,他已是一株文學的巨樹、一個里程碑,其文學已入經典,其人格行誼也
成爲典範,這兩者都是臺灣文學、臺灣文化不可缺的資產。筆者體悟到:儘
管《魯冰花》的出版已走過半個世紀,從書籍、電影、國語電視劇到客語電
視劇,不僅風靡一群已步入中年的人,也深深吸引著現代的年輕人。然而鍾

〔註57〕鄭清文:《臺灣文學的基點》(高雄:派色文化出版社,1992 年),頁 100～101。
〔註58〕同前註。

肇政寫這小說的時間卻是遠在 1960 年（1962 年出版），何以近五十年〔註59〕前的故事可以流傳半個世紀？又影響如此深遠呢？這似乎就是教育與文學的魅力與魔力。

〔註59〕本論文所指「五十年」，乃從《魯冰花》於 1960 年於聯合報副刊連載至 2010 年研究者研究此議題止，共計五十年。

第二章　鍾肇政的創作歷程與時代環境

第一節　創作歷程

　　白雲蒼狗、滄海桑田，世事變化莫測，容易引人萌生悲涼哀愁的感嘆，但在一位能怡然自得、澹泊自守的文學家看來，那乃是一種自然現象、一種新生契機創造和美的感受。是故，文學家的藝術情操，永遠是純真和誠樸的，雖然其境遇和生活觀念不同，但表現於作品的主題和境界，卻有一個共同的意識與特徵，希望自己能超乎物外而完成自我。

　　作家與其所處的社會環境與教育制度，往往存在著密不可分的關係，在這層層關係中所產生的交互影響，又不可避免滲透至文學作品中。生於日治時期的鍾肇政見證臺灣史上兩個時代——日治時期與二次大戰後的國民政府時代。身處時代的洪流，鍾肇政以文字記錄時代更迭中臺灣人民的喜怒、哀樂、艱困與辛酸，其自傳性作品更以貼近自身經驗之姿，揭示當時政局與時事面向。所以，解讀其相關作品應由作者生平入手，深入分析其所處的時代與環境，才能體會作品所呈現的個人經驗與情感，從中得知其如何匯集成臺灣之經驗與情感，並深刻的反映當時代的社會問題、教育理念、時代主題，以及其作品中所蘊涵的社會主導價值觀和不同文學傳統等。

一、求學歷程與文學啓蒙

　　鍾肇政在文壇被譽爲「傳火炬的長跑者」[註1]，因爲他擅長書寫長篇小

〔註 1〕鍾肇政在文學的原野上，屬於長跑選手，專寫長篇小說。戰後第一代作家在缺乏文學傳統火炬照引下，摸黑前進。早期鍾肇政勇於嘗試、求新、求變，

說，常以家族故事加上周遭聽聞的朋友故事，為日治時期及光復初期的臺灣，寫下大時代底下庶民的歷史與生活記憶，最重要的是補遺那段被殖民、被壓抑的臺灣歷史與文化的經驗。

他說「小說是虛構的、騙人的」〔註2〕，但它卻又是讓他「豐富與廣泛地體會人生是什麼？人是什麼？感動又是什麼？」〔註3〕。成長於日治時代的他，日語是他的啟蒙語言，他讀日文雜誌小說、翻譯成日文的西洋文學，光復後二十歲的他從頭學注音符號、讀白話文、以白話文開始思考與寫作，對他來說學習的經過本應如此——看書，看很多書。

鍾肇政曾回憶說：

> 我們都是退稿專家……不過我念念不忘要寫，就寫成了〈魯冰花〉……稍稍成名了，讀者的信，用一個誇大的說法是——雪片般地飛來……很多報紙副刊或是雜誌編輯主動地寫信來要我供稿。以前我一篇篇寄去，人家就給退回來，現在是主動來邀稿，我抽屜裏面塞得滿滿的被退過的稿子，就把它找出來，看看還可以的，寄去了就會登出來。不但登出來，我寄去很快就有信先來，說：「謝謝，尊稿已經收到了，這是本刊的光榮。」——真是改觀了。〔註4〕

這段話回憶起來，蘊含著看盡世間百態的辛酸，鍾肇政曾是一名小學老師，每到寒暑假即埋頭寫作；也曾是報社副刊的總編輯，竭盡心力拉拔年輕的晚輩，戮力以赴的為他們找平臺發表；他是一名小說家，寫盡自己的一生，二十三部長篇、四本短篇、二本雜文及難以計數的翻譯、編著，可謂著作等身，更於 2002 年以七旬高齡著手寫作《歌德激情書》，其描繪德國文豪歌德內心的情慾世界。

鍾肇政以白話文寫成的第一篇文章是〈我的另一半〉，那時太太張九妹剛懷第一胎，這篇稿子的稿費相當於半月薪俸，因而開啟鍾肇政走上寫作的長路……鍾肇政經歷日治、光復與民主的臺灣三部曲，他認為自己人生的主題是：「做臺灣歷史的見證」。這見證怎麼做呢？就用手上那枝筆！

有不可捉摸的特質，他傳承吳濁流以來大氣魄的寫作，確也將火炬傳給李喬……故在文壇被譽為「傳火炬的長跑者」。

〔註2〕鍾肇政著、莊紫蓉編：《臺灣文學十講》（臺北：前衛出版社，2000 年），頁173。

〔註3〕鍾肇政：《鍾肇政回憶錄（一）徬徨與掙扎》（臺北：前衛出版社，1998 年），頁178。

〔註4〕鍾肇政著、莊紫蓉編：《臺灣文學十講》，頁70。

　　鍾肇政 1925 年 1 月 20 日生於桃園縣龍潭鄉九座寮祖屋。曾祖父鍾興傳
爲臺灣客家族，是私塾教師，父親鍾會可曾任國語學校師範部的教師，服務
十七年之久；母親吳絨妹爲中壢大家閨秀的福佬人，也因爲這樣的身份讓鍾
肇政小時候在家族中，被稱爲「反種」。鍾肇政回憶說：

> 我母親講閩南語、父親講客語，所以從小我是雙聲帶。但是，四歲
> 搬到臺北住的三、四年間，和福佬人接觸，都是講福佬話，回家也
> 是講福佬話，客家話只會聽不會講，八歲搬回龍潭後，常被譏爲「福
> 佬屎」。〔註5〕

由於身爲家中獨子又生長於五個姊妹中，尤其是五姊對鍾肇政無微不至的照
顧，致使其往後創作的小說中總有一溫柔的女性，應該是受童年生活與記憶
之影響。

　　1931 年鍾肇政進入臺北市太平公學校〔註6〕就讀，學習日語。1932 年隨
父親遷回故鄉龍潭，就讀龍潭公學校，學習客家話。1937 年於中學升學考試
中落敗，使其有切膚不平之感的是校長的兒子，平時考試成績必在倒數兩三
名內，卻因爲其特殊身份，成爲赴考男同學中唯一上榜者，至此，鍾肇政意
識到日人所享的特權。〔註7〕1938 年入學淡江中學，皇民化教育與日籍教員無
理的對待，導致萌生對異族殖民、民族家國諸問題的思索，成爲日後作品《八
角塔下》的藍本。

　　1943 年 3 月畢業於淡水中學，報考上級學校，未獲錄取。9 月旋即赴大
溪宮前國民學校擔任助教一職，翌年 4 月即辭去教職。《濁流》即依此時期之
經歷所寫成之自傳性小說。1944 年 4 月入學彰化青年師範學校，於此就學期
間，得識好友沈英凱，由沈君引介而接觸西洋文學作品，如盧梭《懺悔錄》、
《父與子》、《處女地》、《復活》、《羅亭》、《罪與罰》、《往何處去》等著作，
這些世界名著似乎默默在告訴鍾肇政：人生是什麼，人又是什麼。

　　鍾肇政在其回憶錄中曾說道：

〔註 5〕　莊紫蓉：〈探索者、奉獻者——鍾肇政專訪〉，收錄於鍾肇政：《臺灣文學十講》，
　　　　頁 286。
〔註 6〕　日治時期，日本小孩就讀學校稱小學校、臺灣小孩就讀學校稱公學校、原住
　　　　民小孩就讀學校稱番學校。見洪麗完、張永楨、李力庸、王昭文編著、高明
　　　　士主編：《臺灣史》（臺北：五南圖書出版股份有限公司，2006 年），頁 220～
　　　　221。
〔註 7〕　鍾肇政：《鍾肇政回憶錄（一）徬徨與掙扎》，頁 111。

《父與子》、《處女地》、《羅亭》、《罪與罰》、《往何處去》、《復活》……
我可以舉出一長串的書名與作家名……它們在默默中告訴了我，人
生是什麼，人又是什麼，它們使我更豐富、更廣泛地體會到人生之
爲物，人之爲物，我也明白了什麼是感動。閱讀文學作品之所以爲
一樁令人欣悅的事，乃因它有感動。我認爲感動，正是閱讀、欣賞
文學作品最重要、也是最寶貴的經驗。〔註8〕

由此可知，鍾肇政對閱讀之濃厚興趣雖說由來已久，但至此方覺對文學「開
眼」。閱讀文學對於在那一段灰色虛無而沒有青春色彩的歲月裡，讓他能夠擁
有那許許多多猶如綴在漆黑夜空裡的閃耀星辰般的感動，因爲感動的人生，
總是更豐滿、更富足。

1945 年 3 月自彰化青年師範學校畢業後，即因「學徒動員令」被徵召駐
防臺中大甲擔任「學徒兵」，從事海防工作，以便「迎擊」可能登陸的美軍。
駐防期間，日籍同學更加乖戾，經常假藉軍隊之名，明目張膽地對臺灣同學
實施暴虐，這一段期間的經歷，鍾肇政在《江山萬里》一書中多有細述。〔註
9〕1946 年 5 月擔任龍潭國校教師，初習國語注音符號，從頭學習中國語言、
文字，可謂是現學現教，這時也是他努力學習中文的起點。好學不倦的鍾肇
政，在 1947 年就讀臺灣大學中文系時因重聽輟學〔註10〕，再度返回龍潭國校
任職並決心自修苦讀。

鍾肇政回憶說：

我如此苦苦追求的目標卻未能滿足我的需要，我確實困於無法確實
聽取教授講課的內容，而那些南腔北調的語言也不是我所能充份理
解的，何況尚無絲毫國學基礎的我，那一類學問實在無法輕易進入。
又是一場無盡的徬徨與掙扎之後，我終於放棄了，仍然回來當我的
小學教師。自己來讀吧！我這樣安慰自己。從此，我展開了長達三
十星霜以上的教師生涯。〔註11〕

綜觀上述，鍾肇政雖處時代變革與語言轉變中，仍懷抱對求學的渴望與文學
的夢想，甚至利用寒暑假，不斷從事創作與翻譯，五十多年來寫、譯、編的

〔註 8〕 鍾肇政：《鍾肇政回憶錄（一）徬徨與掙扎》，頁 177～178。
〔註 9〕 同前註，頁 178～179。
〔註10〕 鍾肇政在《鍾肇政回憶錄（二）》，頁 108 中提到：我因爲服役期間得了熱帶
瘧疾，長時間發熱，藥品又極端缺乏，結果使聽覺受損，害上了重聽的毛病。
〔註11〕 鍾肇政：《鍾肇政回憶錄（一）徬徨與掙扎》，頁 325。

文學作品上百餘部。文學的種子在他熱血中萌芽，他不曾遺忘「靈魂工程師」
〔註 12〕的使命感，一路走來，仍繼續開創臺灣文學的未來、傳承臺灣文學的
熱情，這就是鍾肇政一生對臺灣文學無悔的執著。

二、時代變遷與創作歷程

　　閱讀鍾肇政的小說，往往會讓人感受到一股積極樂觀、不向命運低頭的
精神。對於鍾肇政在時代變遷下的創作歷程，葉石濤曾說：

> 鍾肇政是省籍戰後第一代作家，經由日文轉換中文寫作艱辛過程，
> 完成了他雄壯瑰麗的文學世界；其堅毅的文學精神和建立臺灣文學
> 的使命感，令人折服。初期的短篇小說，把試探的觸鬚深入到臺灣
> 人心靈的每一個隱密的角落，使用各種前衛性的現代小說技巧去表
> 現，可以說達到臺灣短篇小說的頂峰。……鍾肇政擅長於長篇小說，
> 孜孜不倦寫到八○年代，從不氣餒；這種「文學之鬼」的作家精神，
> 可以比擬世界上任何一個「偉大」作家的資質。〔註 13〕

臺灣光復至 1950 年鍾肇政結婚前，是他人生中最感徬徨的時期。他面臨的第
一個困難是語言轉換期的陣痛。當時，每個人都在拚命地學習國語文，而多
年來不能見天日的《三字經》、《百家姓》、《幼學瓊林》等，儼然成為鍾肇政
學習國文的啟蒙書籍，但這些舊書是無法滿足他學習欲望，因此，這段時間，
他以自己的語言拚命閱讀「漢文」。在一個偶然機緣下，讓鍾肇政閱讀到《大

〔註 12〕錢鴻鈞在〈《插天山之歌》與臺灣靈魂的工程師〉一文中提及：做為臺灣靈魂
　　　　的工程師之一的鍾肇政，其文學的主題「臺灣人是什麼，臺灣精神又究竟如
　　　　何形成？」（鍾肇政：1994 年），可以說「臺灣人」靈魂的本身就是其探索與
　　　　基礎，其文學使命就是建構臺灣人精神。也就是說臺灣人的命運、出路、歷
　　　　史、心聲以及臺灣人的原型就是其不斷關切的生命主題。又提及一封鍾肇政
　　　　收自美國新朋友來信：「先生終生為臺灣人奮鬥，追尋臺灣人的靈魂，鼓舞大
　　　　家，我們的敬佩都已不足形容我們對先生之敬意。這不但是弟的意思……已
　　　　聽許多人這麼說了。最近常聽各社團鼓勵團結，經過幾次努力，現在已明顯
　　　　的有進展，值得慶幸。弟也是在現在……我看我們臺灣人是付不出悲觀的代
　　　　價的！」（林宗光致鍾肇政信函：1985 年 4 月 24 日）從其中兩句話「臺灣人
　　　　不屈不撓，尋求光明，奮鬥不息為共通主題，建立臺灣人鮮明形象，培養臺
　　　　灣『靈魂』」、「追尋臺灣人的靈魂，鼓舞大家」我們可以印證，臺灣靈魂工程
　　　　師的說法，正是指向鍾肇政，其意義就是說，做為臺灣靈魂的工程師，鍾肇
　　　　政的文學特色，在於正面的、光明的臺灣人形象的建構。
〔註 13〕葉石濤：《臺灣文學史綱》（高雄：春暉出版社，1987 年），頁 130。

地之春》〔註14〕，此時才真正接觸到所謂的「白話文」，他切切實實體會到「真正地回到祖國的懷抱了」。〔註15〕

（一）五〇年代——文學創作是生命活泉

五〇年代是戰後第一代臺灣作家「誕生」的年代，這段期間也是鍾肇政創作生涯的啟蒙期。1950 年鍾肇政與同鄉三坑村女子張九妹結爲夫妻，陸續育有二子三女。1951 年於《自由談》第二卷第四期，以中文發表第一篇文章〈婚後〉，從此寫作生涯不輟。

五〇年代的臺灣文壇雖爲「反共」、「戰鬥」文學所主導，然而 1952 年獲獎於「中華文藝獎金委員會」的戰後第一代作家有：廖清秀〔註16〕、李榮春〔註17〕，接著，在 1956 年又有鍾理和〔註18〕得獎。鍾肇政受此激勵而振奮，於

〔註14〕 這是一本所謂「中日親善」的小說，鍾肇政認爲內容殊無可取，是戰時在臺灣出版的小說，不過，它是不折不扣的白話文小說，以中國的現代化文字寫成的，也是因爲此書，讓鍾肇政明白他確實能閱讀中國書籍。見鍾肇政：《鍾肇政回憶錄（一）徬徨與掙扎》，頁 181。

〔註15〕 鍾肇政：《鍾肇政回憶錄（一）徬徨與掙扎》，頁 181。

〔註16〕 廖清秀（1928～）臺北縣汐止鎮人。從五〇年代到八〇年代寫作不輟，除《恩仇血淚記》外，還有短篇小說集《冤獄》等，曾一度翻譯許多日文小說，如張文環的日文小說《在地上爬的人》的中文譯本《滾地郎》即是由他翻譯，另著有一長篇《第一代》至今未出版。《恩仇血淚記》曾獲得 1952 年中華文藝獎金委員會的長篇小說第三獎，是臺灣戰後第一代作家首先獲得肯定的人。

〔註17〕 李榮春（1914～1994）宜蘭縣頭城鎮人。九歲就讀頭圍公學校，畢業後入私塾學漢文，自修英、日、中文，爲臺灣戰後最早一批以中文寫作的本土作家。二十四歲加入「臺灣農業義勇團」，隨團至中國工作。除役後，留在安徽及江蘇等地讀書、寫作，矢志獻身文學。戰後回臺，曾與鍾肇政、鍾理和等人共組成《文友通訊》，率先結成文學盟友，曾任職於《公論報》。李榮春被喻爲「臺灣文學殉道者，蘭文壇獨孤俠」的本土作家，終生矢志獻身文學，默默潛隱在宜蘭頭城鎮創作，經靜宜大學中文系副教授鍾瑞金與李榮春姪子李鏡明長期蒐集其作品集結成書，希望藉此尋求李榮春在臺灣文學史上的地位，也爲頭城、宜蘭，甚至爲臺灣的文學黑暗期，點燃暗淡的曙光。作品有長篇小說《祖國與同胞》，刊行三分之一。另有《海角歸人》，1958 年《公論報》之《日月潭》連載，未結。其中《祖國與同胞》爲七十萬字鉅著，曾獲得文獎會的獎助。

〔註18〕 鍾理和（1915～1960），人稱「倒在血泊裡的筆耕者」。鹽埔公學校畢業後，因體檢不合格未能繼續升學，乃至私塾學習漢文，引發對文學興趣。其文學，一方面是他在人間煉獄中受鍛鍊的真實記錄，順著他一生的腳蹤走，便能找出其文學行程，他的文學具有深刻動人的生活面貌。另一方面，他的文學也是其人生智慧增長的實錄，順著他的文學軌跡走，可以看到一部文學生命的完成史，其文學深富生命哲理。長篇小說《笠山農場》獲 1956 年中華文藝獎金委員會長篇小說第二獎（第一名從缺）。

是在 1957 年創辦發行《文友通訊》，以期能扮演文學橋樑的角色，聯合志同
道合之文友，爲重建臺灣文學而盡一份棉薄之力。

　　對於廖清秀、李榮春及鍾理和相繼得獎或獲得「中華文藝獎金委員會」
之獎助，鍾肇政即有如下的想法：

> 臺灣作家終究打破十年來的沉默，新一代的人才一個個出現了！負
> 起臺灣文學責任的人，終於出來了。我自己雖然未能獲得這樣的獎，
> 但是我卻衷心爲這些人感到興奮與榮耀，也爲臺灣文學的未來慶
> 幸。〔註 19〕

五○年代間，鍾肇政雖常遭退稿，但仍持續創作。撰有《迎向黎明的人們》〔註
20〕、〈老人與山〉〔註 21〕、〈阿月的婚事〉〔註 22〕、〈水母娘〉、〈過定〉及〈接
腳〉〔註 23〕等數十篇短篇小說，更開始以日文翻譯西洋詩篇，並撰寫兒童讀
物且刊出數十篇，除此之外，尚翻譯日人創作理論結集爲《寫作與鑑賞》〔註
24〕、《冰壁》〔註 25〕。

　　他在其回憶錄中提到：

> 我開始學習寫作是在一九五一年。是時我已擺脫了用日文起草再自己
> 譯成中文，以及仍用日文構思，在腦子裏即譯成中文寫下的兩個初步
> 階段，漸漸地過渡到直接用中文來思考、寫作的「境界」。不過所能運
> 用的語彙仍然極端貧乏，不但文章本身蕪雜粗糙，而且有爲數不少的
> 日式語詞夾雜在內。因此寫出來的東西，發表的機會甚少，多半只能
> 到處捱退……自然的結果是大多寫些千把字或一兩千字的小稿，其中
> 兒童讀物、童話故事等佔了一大部分，翻譯又佔了一大部分。〔註 26〕

〔註 19〕鍾肇政：《鍾肇政回憶錄（一）徬徨與掙扎》，頁 193。
〔註 20〕1953 年撰寫第一部長篇小說《迎向黎明的人們》，投稿於中華文藝獎金委員
　　　　會，未獲發表。
〔註 21〕1955 年撰寫之短篇小說〈老人與山〉，刊於《文藝創作》，1956 年入選中華文
　　　　化出版委員會印行，虞君質主編之《現代戰鬥文藝選集》內。
〔註 22〕1956 年撰寫之中篇小說〈阿月的婚事〉，獲得《豐年》半月刊小說比賽第三名，
　　　　自六十五期起連續刊登三期。
〔註 23〕1957 年發表之短篇小說〈水母娘〉、〈過定〉及〈接腳〉。
〔註 24〕1956 年翻譯《寫作與鑑賞》，1958 年重光文藝出版社印行。
〔註 25〕1959 年翻譯日本井上靖《冰壁》，於《聯合報》副刊連載（1959 年 9 月 20 日
　　　　～1960 年 3 月 10 日）。
〔註 26〕鍾肇政：《鍾肇政回憶錄（二）文壇交遊錄》（臺北：前衛出版社，1998 年），
　　　　頁 11。

值得一提的是透過《迎向黎明的人們》這部十四萬字的長篇小說，讓鍾肇政找到自己文學生命中書寫的主題：

> 也是為了這麼一部作品，我才首次抓到自己所應抓住的文學主題。
> 那就是：為我所經歷過來的年代，留下一個見證。我活過了八年之久的戰亂日子，還是從青少年過渡到青年的感受性最強烈的年代。尤其讀書時與異族相處，然後又當上了一名日本兵，雖然未被遣到島外，卻也備嘗生死一線的人間絕境，特別是那些對本島人懷有民族仇恨，苛虐兼至的軍營生活。我急於表達他們使我受到的凌辱與迫虐。一方面，也是因為我心中有這麼迫切的「責任感」，我才能那麼拼命地寫，不顧一切地寫。〔註27〕

由此可知，五○年代的鍾肇政不因遭退稿而停滯創作，對於作品是否得到刊登不自強求，並以練習寫作的心態，對視為文豪的作家心存敬畏。創作依舊是他生命的活泉，甚至，偶有兒童文學作品的寫作及翻譯作品，但無形中亦透露出戰後第一代作家面臨該如何克服中文寫作的障礙及傳承臺灣文學的使命感。

（二）六○年代——文學生涯的黃金年代

六○年代中期蕭殺的白色恐怖已逐漸遠去，臺灣社會漸漸脫離閉塞與自囚，恢復原有新文學的寫實精神，傳遞香火的需要也越來越迫切。六○年代是鍾肇政開始學習寫作的第二個十年，此一時期迭有佳作，自云此時期之熱力、精力、衝力都十分充足，著實為鍾肇政文學生涯中的黃金年代。〔註28〕

1960 年 3 月 29 日至 6 月 15 日，長篇小說《魯冰花》在《聯合報》副刊連載且引起熱烈迴響，此時，鍾肇政筆耕不輟，尚撰寫散文〈摸索者——一個蹉跎十年的自述〉〔註29〕、〈悼理和兄〉〔註30〕。緊接著，1961 年後陸續創作《濁流三部曲》之第一部《濁流》〔註31〕、《摘茶時節》〔註32〕、《江山萬

〔註27〕鍾肇政：《鍾肇政回憶錄（一）徬徨與掙扎》，頁192。
〔註28〕鍾肇政：《濁流三部曲》後記（桃園：桃園縣文化中心，2000 年），頁1124。
〔註29〕〈摸索者——一個蹉跎十年的自述〉獲得《自由談》徵文第三名，刊於該刊第十一卷七期。
〔註30〕鍾理和 1960 年病逝，鍾肇政撰文追念摯友，並與文心、林海音等人出版鍾理和小說集。
〔註31〕1961 年（1961 年 12 月～1962 年 4 月 22 日）長篇小說《濁流》在《中央日報》副刊連載。

里》〔註33〕、《初戀》〔註34〕、《殘照》〔註35〕、《流雲》〔註36〕、《大壩》〔註37〕、《大圳》〔註38〕、《八角塔下》〔註39〕、《輪迴》〔註40〕、《臺灣人》〔註41〕、《沉淪》〔註42〕及《大肚山風雲》〔註43〕等小說。期間亦翻譯日本小說《砂丘之女》〔註44〕、《金閣寺》〔註45〕等書；並編輯《本省籍作家作品選集》〔註46〕、《臺灣省青年文學叢書》〔註47〕、《戰後日本短篇小說選》〔註48〕且編寫電視劇本《公主潭》〔註49〕、《皇帝子孫》〔註50〕；譯法、英、美國等十一位《世界文壇新作家》〔註51〕。

　　除此之外，尚參與《臺灣文藝》的創辦與「臺灣文學獎」之成立，此階段獲獎無數，並於1967年獲頒教育部文藝獎。在此階段，鍾肇政以三年

〔註32〕 1962年中篇小說《摘茶時節》在《今日世界》半月刊連載，分四期刊完。
〔註33〕 1962年長篇小說《江山萬里》，為濁流三部曲第二部，1969年林白出版社印行。
〔註34〕 1963年中篇小說《初戀》在《今日世界》第二百七十八期連載，共四期。
〔註35〕 1963年鴻文出版社發行的中篇小說《殘照》，收錄〈殘照〉、〈摘茶時節〉及〈初戀〉共三篇。
〔註36〕 1963年長篇小說《流雲》，為濁流三部曲之第三部，1964年在《文壇月刊》第五十一期起連載。
〔註37〕 1963年長篇小說《大壩》，發表於《文壇月刊》。
〔註38〕 1966年長篇小說《大圳》，為《省政文藝叢書》之一。
〔註39〕 1964年著手之長篇小說《八角塔下》，因病擱筆僅完成上半部，於1967年完成下半部，完成後在《文壇》月刊第八十三期起分二次刊完。
〔註40〕 1967年中短篇小說《輪迴》，實踐出版社印行。
〔註41〕 1967年長篇小說《臺灣人》改名《臺灣人三部曲》第一部《沉淪》，《臺灣日報》副刊連載。
〔註42〕 1968年長篇小說《沉淪》，蘭開書局出版，分上、下冊。
〔註43〕 1968年短篇小說《大肚山風雲》，臺灣商務印書館印行。
〔註44〕 1967年翻譯日本安部公房小說《砂丘之女》，並撰文〈安部公房與砂女之丘〉刊於《純文學月刊》第一卷四期。
〔註45〕 1969年與張良澤合譯日本三島紀夫之作品《金閣寺》，在《自由談》連載，晚蟬書局出版。
〔註46〕 1965年為紀念臺灣脫離殖民統治二十週年而編輯《本省籍作家作品選集》，文壇出版社出版。
〔註47〕 1965年為紀念臺灣脫離殖民統治二十週年而編輯《臺灣省青年文學叢書》，幼獅書局出版。
〔註48〕 1968年譯作選集《戰後日本短篇小說選》，臺灣商務印書館印行。
〔註49〕 1963年編寫之電視劇《公主潭》，共有十多種。
〔註50〕 1968年由長篇小說《沉淪》改編為電視劇《皇帝子孫》，游娟製作，於臺視頻道播出。
〔註51〕 1969年譯述《世界文壇新作家》，並在《幼獅文藝》第三十卷二期連載至三期。

的時間陸續完成《濁流》、《江山萬里》、《流雲》三部長篇自傳體小說，內容描述一位臺灣青年在臺灣光復前後所面臨的時代更迭與個人際遇，正印證他迫切為時代留下見證的責任感。臺灣意識的真正成熟並實踐於創作之中，應在《濁流三部曲》完成後，即動念構思的另一部大河小說《臺灣人三部曲》為是。

　　由鍾肇政在回憶錄的一段話，可以看出其創作意識經由醞釀、發酵而至成熟的過程：

> 我抱持在心胸中的理想長篇，《濁流三部曲》可算已表現出一個重要片斷，但也還祇是片斷而已，總覺得還有什麼在胸臆裡擱著。〔註52〕

又說：

> 光復二十週年了，我行年屆滿四十。在我的生命裡，光復前我做了二十年「大日本帝國臣民」，光復後成了中華民國國民，也滿二十年。可是，與日本是斷絕了，大陸卻始終在遙遠的地方，因此我一直都祇是臺灣人。那是不含任何政治意識的單純想法。於是，我為我的下一部著作命名為《臺灣人》。也許這是可笑的書名，但當我這麼決定的時候，我又開始輕顫了。整個構思的階段，我都會感到那種靈魂的戰慄。不管有沒有人認為可笑，我卻絕對是嚴肅的，正經的，因為我要寫的是日據五十年間臺灣人的遭遇。我要向歷史挑戰。
> 〔註53〕

綜觀上述，我們可以瞭解在六〇年代鍾肇政的臺灣意識方才成熟，文學創作意識方才具體。在此之後，鍾肇政的小說一貫充滿時代感，為臺灣歷史土地、臺灣人民作傳的精神成為其代表風格。他的作品貼近鄉土，須臾不離，貫徹寫實主義的精髓，反映臺灣人民的生活，但卻不停留於生活現象的表面，能深沉地揭示生活的本質與規律。

（三）七〇年代——文學創作的多元樣貌

　　文學是反映人生與時代，從六〇年代後期，逐漸開始躍登歷史舞臺的鄉土文學，到了七〇年代變成名正言順的臺灣文學，並且形成臺灣文學的主流，而在此社會背景與環境下，鍾肇政又是如何繼續其寫作生涯呢？

〔註52〕鍾肇政：《鍾肇政回憶錄（一）徬徨與掙扎》，頁201。
〔註53〕同前註，頁205。

　　鄉土文學蓬勃發展的七〇年代，鍾肇政依舊筆耕不輟，撰有《馬黑波風雲》〔註54〕、《青春行》〔註55〕、《綠色大地》〔註56〕、《插天山之歌》〔註57〕、《滄溟行》〔註58〕、《望春風》〔註59〕、《耿耿丹心屬斯人——姜紹祖傳》〔註60〕、《鍾肇政傑作選》〔註61〕、《鍾肇政自選集》〔註62〕及《白翎鷥之歌》〔註63〕等書；另外，他仍繼續翻譯其他作品，有《燃燒的地圖》〔註64〕、《日本人與猶太人》〔註65〕、《結婚之愛》〔註66〕、《太陽與鐵》〔註67〕、《幽默心理學》〔註68〕、《聞名的故事》〔註69〕、《歌德自傳》〔註70〕、《希臘神話》〔註71〕、《卡爾曼的故事》〔註72〕、《日本人的衰亡》〔註73〕、《非洲故事》〔註74〕、《史懷哲傳》〔註75〕、《箱子裡的男人》〔註76〕及《朝鮮的抗日文學》〔註77〕

〔註54〕1970年完成《馬黑波風雲》，1971年《臺灣新生報》副刊連載，1973年臺灣商務印書館出版。

〔註55〕1971年長篇小說《青春行》在《臺灣日報》副刊連載。

〔註56〕1973年長篇小說《綠色大地》，1974年皇冠出版社出版。

〔註57〕1973年長篇小說《臺灣人三部曲》之第三部《插天山之歌》在《中央日報》副刊連載，1975年志文出版社印行。

〔註58〕1975年長篇小說《滄溟行》在《中央日報》副刊連載，1976年七燈出版社印行。

〔註59〕1976年長篇小說《望春風》在《中央日報》副刊連載，1977年大漢出版社印行。

〔註60〕1977年長篇傳記小說《耿耿丹心屬斯人——姜紹祖傳》，近代中國出版社印行。

〔註61〕1979年短篇小說集《鍾肇政傑作選》，文華出版社印行。

〔註62〕1979年中短篇小說集《鍾肇政自選集》，黎明文化公司出版。

〔註63〕1979年短篇小說集《白翎鷥之歌》，民眾日報出版。

〔註64〕1970年翻譯日本安部公房之小說《燃燒的地圖》，在《這一代》月刊第一卷第一期連載五期，為該刊被警告不得刊露鍾肇政作品。

〔註65〕1972年翻譯伊撒耶・班達桑之作品《日本人與猶太人》，林白出版社印行。

〔註66〕1972年翻譯瑪莉・史托普之作品《結婚之愛》，林白出版社印行。

〔註67〕1972年翻譯日本三島由紀夫之作品《太陽與鐵》，林白出版社出版。

〔註68〕1972年翻譯白石浩之作品《幽默心理學》，林白出版社印行。

〔註69〕1972年翻譯英國威爾斯之作品《聞名的故事》，志文出版社印行。

〔註70〕1975年翻譯《歌德自傳》，志文出版社印行。

〔註71〕1976年翻譯《希臘神話》，在《大同》半月刊連載，1977年志文出版社印行。

〔註72〕1976年翻譯法國小說家梅理美之作品《卡爾曼的故事》，志文出版社印行。

〔註73〕1976年翻譯《日本人的衰亡》。

〔註74〕1977年翻譯《非洲故事》，志文出版社印行。

〔註75〕1977年翻譯《史懷哲傳》，志文出版社印行。

〔註76〕1978年翻譯日本安部公房之小說《箱子裡的男人》，在《臺灣文藝》連載。

〔註77〕1979年翻譯宋敏鎬之小說《朝鮮的抗日文學》，文華出版社印行。

等；並編譯《名曲的故事——偉大音樂家的故事與名曲欣賞》〔註78〕、《臺灣民間故事新編》〔註79〕、《臺灣高山故事新編》〔註80〕、《西洋文學欣賞》〔註81〕、《名著的故事》〔註82〕、《臺灣文學獎·吳濁流文學獎作品集》〔註83〕、《當代中國新文學大系小說二集》〔註84〕等書。

在 1977 年繼吳濁流之後擔任《臺灣文藝》雜誌社長兼編輯，發行《臺灣文藝》革新第一號（總號五十四號）；於 1978 年擔任高雄民眾日報副刊主任主編副刊，並辭去東吳大學講師教職；鍾肇政在 1979 年以《濁流三部曲》榮獲第二屆吳三連文藝獎，該年由小學教師正式退休，任教共三十二年。

綜觀上述之歷程與發展，七○年代的鍾肇政依舊是光芒四射，舉凡著作、翻譯、編譯皆有其文學的足跡。除此之外，他的文學觸角更加推廣至社會弱勢團體，在結束教學生涯後，進而邁向文學創作的另一階段。

（四）八○年代——人道關懷與社會運動

鍾肇政於 1980 年因故辭去民眾日報副刊主編職務，於 1981 年成立臺灣文藝出版社，擔任發行人，主編《臺灣文藝小說選》並由臺灣文藝出版社印行。此時，他將創作的焦點放在臺灣原住民身上，1982 年曾多次深入霧社各部落作田野調查並訪問部落長老，撰寫《原鄉人——作家鍾理和的故事》〔註85〕、《不滅詩魂——對談評論集》〔註86〕、《川中島》〔註87〕、《高山組曲》〔註88〕、《夕暮大稻埕》〔註89〕、《卑南平原》〔註90〕、《北

〔註78〕1972 年編譯《名曲的故事——偉大音樂家的故事與名曲欣賞》，在《大同》半月刊連載，1974 年志文出版社印行。

〔註79〕1973 年編譯《臺灣民間故事新編》共十一篇，在《聯合報》副刊連載，1974 年分成《靈潭恨》和《大龍峒的嗚咽》二冊。

〔註80〕1974 年編撰《臺灣高山故事新編》，在《聯合報》副刊連載。

〔註81〕1974 年編撰《西洋文學欣賞》，在《大同》半月刊連載，1975 年志文出版社印行。

〔註82〕1977 年編撰《名著的故事》，在《大同》半月刊連載。

〔註83〕1977 年主編《臺灣文學獎·吳濁流文學獎作品集》，鴻儒堂出版社印行。

〔註84〕1979 年編撰《當代中國新文學大系小說二集》，天視出版公司出版。

〔註85〕1980 年撰寫《原鄉人——作家鍾理和的故事》，取其部份在《中國時報》副刊連載。

〔註86〕1981 年編撰《不滅詩魂——對談評論集》且出版。

〔註87〕1983 年長篇小說《川中島》，為《高山三部曲》之一部曲。

〔註88〕1983 年長篇小說《高山組曲》，為《高山三部曲》之一部曲。

〔註89〕1983 年長篇小說《夕暮大稻埕》且屢赴臺北大稻埕採訪，在《臺灣時報》副刊連載。

美大陸文學之旅》〔註91〕、《日本名著精華》〔註92〕、《夢與眞實》〔註93〕
等著作。

　　由此可知，八〇年代的鍾肇政或因臺灣文學邁向更自由、寬容、多元化
的途徑；或因其人道關懷的情愫，致使其作品轉而關懷弱勢團體，甚至成爲
社會運動人士，繼而爲客家文化而發聲。

（五）九〇年代——臺灣文學的重要推手

　　在蕭殺的戒嚴年代，鍾肇政曾質疑：爲什麼我們沒有自己的語言，供我
們寫讀，而必須用外來的？〔註94〕當時，他只能不動聲色地做了一些嘗試，
就是在文章裡大量地採入所謂的「方言」的方式，其所謂的「方言文學」乃
爲客家文學，鍾肇政曾說：「文學是靈活的，語言與客家意識也將隨著時代的
腳步而變動，所以不管使用何種語言與意識型態，只要具備客家史觀的視角
或意象思維，均是客家文學的一環。」〔註95〕

　　九〇年代的臺灣，隨著政治的解嚴、社會風氣的開放，年逾耳順之年的
鍾肇政，對於臺灣文學數十年來的貢獻及對臺灣社會弱勢群體的人道關懷，
獲得各界肯定與頒獎無數。此時，鍾肇政的文學生涯更結合臺灣社會運動的
伸展，他不但對於推動臺灣文學不遺餘力，更積極領導臺灣客家運動，創組
「臺灣客家公共事務協會」提出「新個客家人」主張，企圖挽救客家文化與
權益不墜，其老而彌堅、孜孜不倦的奮鬥情操，再加上勇於提攜客家學術研
究的身體力行，實是客家籍作家最具代表性的註解〔註96〕，與硬頸精神的象
徵。

　　在莊紫蓉〈探索者、奉獻者——鍾肇政專訪〉的訪問稿一文中，鍾肇政
說：

> 一九九〇年代，我成了社會運動家，擔任臺灣筆會會長及臺灣客家
> 公共事務協會會長，李喬說我是「文運重要推動者，也是社會文化

〔註90〕1985 年長篇小說《卑南平原》，赴臺東訪問、田調，由前衛出版社印行。
〔註91〕1985 年遊記《北美大陸文學之旅》，在《大同》月刊連載。
〔註92〕1986 年編寫《日本名著精華》，在《大同》月刊連載。
〔註93〕1986 年中篇小說《夢與眞實》，刊載於《聯合文學》三卷六期。
〔註94〕鍾肇政：〈臺灣客家文學史概論——序〉，收錄於黃恆秋：《臺灣客家文學史概
　　　　論》（新莊：客家臺灣文史工作室，1998 年），頁 1。
〔註95〕同前註，頁 4。
〔註96〕黃恆秋：《臺灣客家文學史概論》，頁 122。

> 改造運動者。」在「推動文運」方面，一九九一年，我帶客家人上
> 街頭，也帶筆會的作家詩人上街頭，這好像是過去所沒有的事。
> 〔註97〕

他又說：

> 我這一輩子，幾乎把整個精力投注在文學方面，我也覺得有若干成
> 果、若干收穫，這是最感榮耀的一件事。臺灣文學發展七十多年來，
> 目前依然在掙扎之中，依然需要付出血淚，未來臺灣文學的發展，
> 希望有更多的人付出他們的血淚，做他們的掙扎，讓我們臺灣文學
> 能夠更欣欣向榮，更發展，有更多的作家，更多的好作品出來，這
> 是我最大的心願。〔註98〕

誠如鍾肇政所言：「臺灣文學是掙扎的文學，是血淚的文學，我以身在其中一
份子，覺得非常榮幸。」〔註99〕九〇年代的鍾肇政，雖然已經著作等身，卻
不因聽力嚴重受損（服役期間因瘧疾引起）而撼動他創作之初衷，其柔韌而
綿長的創作力可見一斑。誠如葉石濤所言：「不過這也許有些好處，從此以後
他得免去聽那些穢言穢語，保持他心內一片清潔乾淨的天地。」〔註100〕

（六）2000年至今——文學紮根與文學下鄉

　　2000年政黨輪替，鍾肇政更加積極推動文學教育，期盼能落實文學紮根、
文學下鄉的理念。他曾獲邀擔任總統府資政；2002年為「國家臺灣文學館」
題字；2003年出席「總統文化獎」，獲頒象徵終生成就的百合獎，同年於桃園
縣龍潭鄉舉辦「鍾肇政國際學術研討會」；2004年《自由時報》副刊以「文學
思想起」之名稱慶賀鍾肇政八十歲大壽，《臺灣文學評論》雜誌更刊登鍾肇政
三十餘篇八十大壽文集，於該年續任總統府資政，由行政院客家委員會築夢
計畫執行者，將部份印製完成的《鍾肇政全集》帶至德國、法國等國家。2005
年《鍾肇政全集》編輯完成，三十八集為「影像集」完成校正作業印行出版，
同年10月，由聯合大學藝術中心安排為期兩週的「鍾肇政書法展」。

　　2006年鍾肇政與葉石濤於靜宜大學進行「一甲子的對談」；2007年執行
「鍾肇政戰後臺灣文學口述歷史」巡迴演講，獲頒客家貢獻終身成就獎；2008

〔註97〕鍾肇政著、莊紫蓉編：《臺灣文學十講》，頁300。
〔註98〕同前註，頁301。
〔註99〕同前註。
〔註100〕葉石濤：《鍾肇政全集》（臺北：前衛出版社，1991年），頁5。

年桃園縣客家文化館成立「鍾肇政文學館」，該年「鍾肇政戰後臺灣文學口述歷史」正式出版，「大河浩蕩——鍾肇政文學展」於「國家臺灣文學館」舉辦為期半年之展覽〔註101〕；2010 年文壇大老——鍾肇政，回憶杏壇歲月，在《中國時報》策劃「民國 99 臺灣九九・讀冊一百年」活動中接受專訪，論及當年在龍潭國小的教學回憶。

　　李喬曾在〈臺灣文學中的鍾肇政〉一文中引言說：

> 鍾肇政先生生於臺灣農村，長於文化重組之際；秉過人之文學天賦，持驚人之勤行毅力；克服文字障礙，首途華文創作而斐然一席。其意志與成就，可為後學楷模。〔註102〕

又說：

> 「鍾肇政文學」還在進行中不宜「論斷」，不過已可論定的是鍾肇政是一株文學巨樹、一個里程碑，其文學已入經典、其人格行誼也成為一典範。兩者都是臺灣文學、臺灣文化不可缺的資產。臺灣文學史將會確認這一點。〔註103〕

綜觀上述，鍾肇政是否有更多時間，從事屬於他本我的創作呢？沒到最後，似乎難以論定他的文學型態與生活思想形象。簡言之，文學藝術、藝術文學就是鍾肇政真正的自我，誠如他寫下「吾志浩然」的毛筆字作為自我勉勵，對後學而言不也是一種鼓舞。

第二節　時代環境

　　1895 年甲午戰敗，馬關條約簽訂後，清政府將臺灣割讓給日本，雖然臺灣知識份子曾積極奔走，且掀起波瀾壯闊的抗日運動。但清政府卻無能為力，而在外援失利後，臺灣遂正式成為日本的殖民地，至 1945 年臺灣光復為止，日本殖民臺灣歷時五十年，其間共經歷文武總督共十九任，日人治臺之統治方針及策略多變化，影響臺灣人民生活甚鉅。

〔註101〕大河浩蕩——鍾肇政數位博物館 http://www2.tyccc.gov.tw/jjj/，2010 年 9 月 5
　　　　日。
〔註102〕轉載於 1999 年 11 月 6 日真理大學所舉辦「鍾肇政文學會議」之論文集引言
　　　　介紹。
〔註103〕李喬：《臺灣文學塑像》（臺北：前衛出版社，2000 年），頁 173。

生於 1925 年的鍾肇政，歷經日本統治〔註104〕臺灣的第二及第三個階段，一為內地延長主義時期〔註105〕；二為皇民化運動時期。〔註106〕皇民化運動對臺灣青少年的影響，亦突顯在鍾肇政身上，除了他所說殖民統治使其民族意識不很強烈之外，皇民化時期全面推行日語的政令，也使鍾肇政因不諳漢文而在二次大戰後為學習漢文與國語吃盡苦頭。回顧歷史，日本統治臺灣五十年，對臺灣政治、教育、社會及文學等層面的影響極大。以下就日本治臺期間臺灣的政治制度、教育環境與文學運動作一整體性的介紹。

一、政治制度

（一）最高行政機關——臺灣總督府

臺灣總督府是日本在臺殖民統治最高行政機關。1895 年首任總督樺山資紀進入臺北城之後，將總督府設於舊布政使司衙門，並在 6 月 17 日舉行所謂「使政」典禮。日治初期的臺灣總督皆由武官出任，擁有軍事指揮權，並集行政、立法、司法三權於一身。1919 年起，首任文官總督誕生，直至 1936 年後，才又恢復武官總督統治，五十年間共計十九任總督。

臺灣總督府組織特色為「總督專制」，身為總督府主官的臺灣總督，總攬行政、立法、司法等大權，形成總督專制的政體。一般政策的形成過程，通常是由總督府內的技術官僚制定法律政策後，即授權臺灣總督以「總督府令」命其中央機關、所轄官署或地方政府執行政策。

〔註104〕 日本統治臺灣約五十年，分為：1895～1919 年漸進主義時期（無方針主義時期）、1919～1937 年內地延長主義時期、1937～1945 年皇民化運動時期。見洪麗完、張永楨、李力庸、王昭文編著、高明士主編：《臺灣史》，頁 173～174。

〔註105〕 從第一次大戰結束到中日戰爭爆發（1919～1937）：第一次世界大戰後，民族自決思潮瀰漫全球，臺灣人民開始展開政治社會運動。日本將臺灣視為「內地」，並標榜「日臺合一」，且由文官擔任總督，但實際上臺灣人沒有得到和日本人一樣的待遇。見洪麗完、張永楨、李力庸、王昭文編著、高明士主編：《臺灣史》，頁 173～175。

〔註106〕 從中日戰爭爆發到日本投降（1937～1945）：為了充分利用臺灣人力和資源，再度由軍事將領擔任臺灣總督，推行皇民化運動，鼓勵使用日語、改用日本姓名、穿和服、採用日本風俗禮儀、參拜日本神社、徵召臺灣人從軍，企圖讓臺灣人「日本化」，成為真正的日本人。見戴寶村著、國立編譯館主編：《臺灣政治史》（臺北：五南圖書出版股份有限公司，2006 年），頁 203～213。

（二）警察之島

　　日人治臺後，爲協助統治政策的實施，在臺灣建立嚴密的警察制度。臺灣的警察與日本內地的警察迥然不同，除了維持治安等警察原有的職務外，由於初期爲避免與軍憲工作重疊，警察還掌握衛生和戶口調查等工作，輔助地方政府施政。隨著日本在臺灣的統治逐漸穩固後，警察人數不斷擴充，1898年（明治三十一年、光緒二十三年）兒玉源太郎就任總督時，更大幅改革警察制度，大量增加各地的派出所，培訓警察人員，把維持治安的工作完全移交給警察，1899 年招募臺灣人爲「巡查補」，協助正規警察。這時的優勢警力被總督府用來討伐抗日義軍，成效顯著。

　　1901 年時，臺灣實施廳制，廳以下設置支廳，以警部爲支廳長，於是警察除了原來的身份外，更具有行政的功能，掌管地方行政和治安，警察幾乎變得無所不管，不論治安、戶口、交通、商業、農業、衛生等皆一手包下，這種制度在國民政府接收臺灣之後仍沿用多時。1906 年，總督府的「理番政策」〔註107〕開始實施，警察又成爲執行政策的主力軍，爲了管理十六萬的原住民，警察人數不斷增加，由於處理原住民事務的警察權利極大，警察在高山地區乃成爲一方之霸，霧社事件〔註108〕是原住民與警察起衝突而爆發的鎮壓事件。1937 年在中國大陸河北省發生「七七事變」〔註109〕以後，由於軍需增加，總督府更在臺灣實行經濟警察制度，嚴格取締違反經濟統制法的事件，令臺灣人倍增反感。

〔註107〕理番政策（1906～1914）：1906 年原在警察本署下的蕃務掛，獨立成另一蕃務課。佐久間左馬太總督在 1907 年決定主張征服蕃地五年計劃。由交易掌握控制蕃人的民生經濟，再加上簡單的日語教育，以文化侵略方式打破蕃人固有的傳統和部落概念。採用他們需要的鹽、火柴、鐵器當作賞罰工具，使蕃人在物質生活依靠日人，加上日警和隘勇線強硬手段，在軟硬圍堵下，以期達到圍堵蕃人目的。見洪麗完、張永楨、李力庸、王昭文編著、高明士主編：《臺灣史》，頁 184～187。

〔註108〕霧社事件（1930 年 10 月 27 日）是臺灣日治時期發生在臺灣臺中州能高郡霧社（今屬南投縣仁愛鄉）的抗日行動。事件是由於當地泰雅族的一支賽德克族，因爲不滿日治時期臺灣總督府與地方政府的壓迫而發起的反抗運動，領導人爲莫那魯道。見洪麗完、張永楨、李力庸、王昭文編著、高明士主編：《臺灣史》，頁 169。

〔註109〕1937 年發生盧溝橋事變之後，爆發中日戰爭，日本爲因應長期的戰爭，於同年實施國民精神總動員。見洪麗完、張永楨、李力庸、王昭文編著、高明士主編：《臺灣史》，頁 251、257。

　　根據統計，每名警察管理的人口，在日本本土是 1：1228 人，朝鮮是 1：919 人，在臺灣只有 1：547 人，平均每平方公里就有 3.1 名警察，朝鮮只有 1.3 名警察，臺灣可說是警察之島。

　　綜上所述，日治時期總督府以強大的警察體制和利用保甲制度，有效達成社會控制和秩序維護，曾有二十五年的時間，治安上幾乎達到「夜不閉戶」的狀態，乃因犯罪防範之嚴密使民眾有所顧忌，不敢心存僥倖觸犯法網。同時，透過學校和社會教育教導現代法治觀念，學習尊重秩序和法律。加上司法始終維持一定程度的公平和正義，因而取得社會大眾的信賴；其結果，民眾養成安分守己、重秩序、守紀律之習慣，守法之觀念由是建立。

二、教育環境

　　日治時期日本在臺灣實施的教育政策，可視為差別待遇的教育，依種國籍、區域可分為小學校、公學校，以及番人公學校等，分述如下：

（一）小學校

　　「小學校」為日治時期臺灣總督府為在臺的日本兒童所設立的初等教育機構。小學校教授的內容除了道德教育、國民教育生活所需知識技能外，加授臺語與漢文等科目，為了配合日本國制，教科書也採自日本本國。

（二）公學校

　　總督府對臺灣人的教育以教授日語為主，所以治臺之初，即在全臺各地設置「國語傳習所」，1898 年公佈「臺灣公學校令」，用地方經費設置六年制的公學校，取代國語傳習所成為臺灣人的初等教育機構。教授內容以修身的道德教育與涵養日本人的國語教育為主，教科書由臺灣總督府另行編纂。

（三）番人公學校

　　日治時期對於原住民的統治稱為「理番」，其組織規範和機構都與漢人有所不同。在教育上，番童教育可分為「番童教育所」和「番人公學校」，不過，番人公學校在其負責的教育單位和師資上均和漢人相同。就番童教育所本身在日本殖民地初等教育體系和日人小學校、漢人公學校有所不同，除了對於平地和山地在政策制訂上有所差別外，不同之處還有一方是獨立教育的專責機構，另一方則依附於理番政策下的一環。

1904 年第一所番童教育所建立於臺南州的達邦部落，其師資多半是由番地警察來兼任。番地警察行政事務繁忙，又需兼任教師，因此在現代化教育的素養方面較爲薄弱，教學重點在加強對於日語能力的訓練，以及簡單的農業耕種觀念。然而因爲番童教育所學生畢業之後，並無中等教育可以銜接，加上環境影響，受教育後的學童多半無法繼續升學。番童教育所就其對日本政府意義來看，除了將原住民農民化，希望有所產業貢獻外，更是控制番社部落的重要機構。〔註 110〕

三、文學運動

日治時期（1895～1945）的臺灣文壇，詩社蓬勃發展蔚爲文壇盛事，詩人結社聯吟的風氣極盛。日本治臺後二十年間，舊文學仍是臺灣文學的主流，詩人遺老以詩自娛、隱寓其情。然而，在詩社林立的背後，許多臺灣漢詩僅具備文化的表層意義近於附風附雅，文化深層中的藝術價值及詩境的美感並不突顯。因爲，此時期的詩作大多數以雕琢爲事，採擊缽吟〔註 111〕，吟詠風月，鮮涉現實。因此，終引發部份知識份子的不滿，而萌生革新文學之意。在不安時代下的抑鬱氛圍，卻因新舊文學論戰與漢詩的改革，爲臺灣文學帶來一道曙光。

肇始於 1920 年的臺灣新文化運動，是非武力抗日運動的鮮明指標。林瑞明說法如下：

> 促成的臺灣新文化運動的原因多端，除了臺灣社會內在的變化之外，日本的大正民主運動，一次世界大戰之後美國總統威爾遜的十四點自決原則、中國大陸的五四運動、蘇聯的社會主義革命、朝鮮的三一獨立運動，對於臺灣的新文化運動的展開，都有其或多或少的影響。〔註 112〕

臺灣新文學運動是新文化運動的重要內涵，一開始即伴隨著新文化運動而來。當時新文學運動者，除了受到五四時期胡適等人提倡白話文運動的刺激外，亦透過日文吸收傳至日本的世界思潮及文學。〔註 113〕新文學運動的先聲

〔註 110〕數位圖書館 http://www.wenxue.com/scene/south/002.htm，2010 年 9 月 5 日。
〔註 111〕擊缽吟：《南史・王僧孺傳》：共打銅缽立韻，響滅則詩成。
〔註 112〕林瑞明：《臺灣文學的本土觀察》（臺北：允晨文化實業股份有限公司，1996年），頁 28。
〔註 113〕梁明雄：《日據時期臺灣新文學運動研究》（臺北：文史哲出版社，1996 年），頁 34。

為白話文學運動，1920 年陳炘在《臺灣青年》刊出〈文學與職務〉一文中指出「我族不振」的原因在於「一般文士之論文者，皆以文字為準，辭貴古奧、字貴難澀。」〔註114〕認為文學負有改造社會的使命，故應屏棄艱深古奧的用語，讓文學能傳達思想與情感，該文是臺灣新文學運動理論之首篇。

接著，又陸續有甘文芳〈現實社會與文學〉，其文在討論戰後文學應走的方向，亦當向中國文學革命以來的新文學運動就近取闕；陳瑞明〈日用文鼓吹論〉，掀起臺灣白話文運動的序幕；1923 年曾到大陸目睹白話文運動蓬勃發展的黃呈聰、黃朝琴分別發表〈論普及白話文的新使命〉以及〈漢文改革論〉，把五四白話文運動的成效介紹到臺灣，大力提倡使用白話文。〔註115〕

以上這些文章在在強調白話文之重要，認為藉由文字語言的改革，才能普及教育、教化民眾。其最終的目的，在於能達成民族文化之傳承及反抗日本同化政策之使命。葉石濤在〈日據時期臺灣文學的回顧與前瞻〉一文中曾表示：

> 在這臺灣文學的發軔時期，他們合力奠基了一塊里程碑，指出臺灣
> 文學應該為民眾服務，反映社會現實。〔註116〕

1924 年 4 月與 11 月臺灣新文學作家張我軍〔註117〕，於《臺灣民報》發表〈致臺灣青年的一封信〉與〈糟糕的臺灣文學界〉。其文抨擊臺灣舊文學與舊詩人的文章，不但引起頗多共鳴，更引發新舊文學論戰。其中對古典文學特色、功能、價值與未來走向抱否定態度的新文學作家，除了張我軍之外，還有賴和、張梗、蔡孝乾等人。他們就中國五四運動獲得的成果與經驗，大力提倡新文學的適用性，除此還抨擊中國古文的不適用，阻礙文學改革，並指出臺灣舊文人的墮落保守。另一方面，以連橫、鄭坤五、黃文虎為首的舊文學代表，則強調古文對臺灣文學基礎的重要性。該論戰自 1924 年 4 月張我軍發表文章起，歷經 1925 年 8 月 26 日在《臺灣民報》創刊五週年紀念號上發表〈新文學運動的意義〉一文，主張「建設白話文學，改造臺灣語言」作為總結。一直到 1926 年 3 月才宣告平息。經過一番論戰後，有利於臺灣新文學的繼續發展，從此賴和、陳虛谷、楊守愚等第一代作家紛紛投入創作。

〔註114〕陳炘：〈文學與職務〉，《臺灣青年》，1920 年 7 月，頁 41～43。
〔註115〕林瑞明：《臺灣文學的本土觀察》，頁 5。
〔註116〕葉石濤：《作家的條件》（臺北：遠景出版事業公司，1981 年），頁 22。
〔註117〕張我軍（1902～1955）首位將中國的白話文運動介紹到臺灣來，觸發臺灣的
　　　　新文學運動，有「臺灣胡適」之稱。1924 年 4 月 6 日於《臺灣民報》登〈致
　　　　臺灣青年的一封信〉，揭起臺灣新文學的大旗，欲打倒舊文學。

　　臺灣的文學論戰從二〇年代張我軍提倡的中國白話文，經過三〇年代初期的鄉土文學論爭、臺灣話文論爭〔註118〕兩個課題。其發展的走向皆側重強調臺灣話文的創作，這是第一代臺灣新文學家所面對的挑戰！〔註119〕他們期望能藉著一般勞苦大眾慣用的臺灣話文來書寫屬於臺灣本土的事物。因此，提倡者認爲作家不僅應使用臺灣話創作，還應該在題材上寫實，親近大眾。葉石濤認爲，臺灣新文學運動已從語文改革的形式到內容的深究：

> 從一九二〇年到一九三一年，在這十年間的臺灣新文學運動裡，從新舊文學論爭到鄉土文學，臺灣話文的建立活動，顯示著臺灣新文學已經從語文改革的形式進到內容的追究，向前跨了一大步。這些各種主張，其目的在於使臺灣新文學如何才能打進廣大的臺灣民眾裡，使得臺灣新文學成爲臺灣民眾的精神食糧，影響民眾的精神結構，使得民眾變成近代化的人民，獲得民族解放。〔註120〕

綜觀上述，正當新文學邁入開展期時，關係著臺灣文學形式與內容的「鄉土文學論戰」和「臺灣話文論戰」，相繼由黃石輝於 1930 月 8 年和郭秋生於 1931 年 7、8 月間挑起。這兩大論戰是新舊文學論戰以來，最大規模的論戰，誠如葉石濤所言：「顯示著臺灣新文學已經從語文改革的形式進到內容的追究，向前跨了一大步。」〔註121〕其又表示論爭傳達「臺灣本身逐漸產生和建立自主性文學的意念。」〔註122〕林瑞明亦說：「1930 至 1932 年經過鄉土文學論爭、臺灣話文論爭，臺灣文學的本土論終於形成。」〔註123〕臺灣新文運動揭發異族統治、激發民族意識的精神，日後爲鍾肇政的小說所繼承；而新文學運動中對臺灣話文的討論亦影響鍾肇政的寫作語言。

〔註118〕1930～1931 年發生「鄉土文學和臺灣話文」的論爭，是一場新文學如何進一步大眾化的討論。
〔註119〕林瑞明：《臺灣文學的歷史考察》（臺北：允晨文化實業股份有限公司，1996年），頁 2。
〔註120〕葉石濤：《臺灣文學史綱》，頁 27～28。
〔註121〕同前註。
〔註122〕同前註。
〔註123〕林瑞明：《臺灣文學的本土觀察》，頁 53。

第三節　文學理念

　　寫實主義〔註124〕作家認為文學作品應該反映社會時代，鍾肇政身為文學創作者，對於文學自然有其一套個人見解與期許。舉凡作品的取材、內容形式、書寫技巧或文學詞彙，皆有其個人獨到見解，其中又以對臺灣文學的觀點最為重要，他的文學主張，表達其理想中文學的完美型態。鍾肇政可說是胸懷時代認識和文學思想的作家，早已有獨特的看法和定見，又能確實地創作富有民族風格與思想深度的文學作品。以下就鍾肇政之文學理論、小說創作及臺灣文學觀等一一討論。

一、文學理論

　　鍾肇政認為所有文學或藝術作品，根據的就是這塊土地，儘管寫科幻也好、太空小說也好，總離不開人，因為人的雙腳一定踩在土地上，即使暫時離開而到了太空，他還是土地上的人。〔註125〕

　　對於文學的看法，鍾肇政曾提出自己的見解：

> 文學是反映現實的，不管你寫的東西是取材於古代的、現代的、或是幻想的，這只是一個骨架；這骨架需要血、需要皮膚，沒有這些東西你就構成不了作品。而這些血、肉、皮膚，是必須向現實取材的。即使以古代為背景的作品，也應該有現代的氣息、現代人的思想，起碼也要是對現階段，對社會現象的反映。這樣才是一個盡了文學功能的作家。所以時代的變遷及時代思潮的轉化也就影響到作家的心靈。〔註126〕

從上文可看出鍾肇政對文學賦於功能上的意義，認為文學的功能在於能對社會現象有所反映，因此，以現實取材成了必然之舉；而文學創作反映社會現象的目的，則在於希望喚起民眾對社會的注意，對社會起一鍼砭匡正的作用。

〔註124〕寫實主義（Realism），這個名詞早在十九世紀初的哲學領域即已出現，而在十九世紀中葉形成文學或美術上的一種流派。在文學上為自然主義的前身，排斥虛張及空想，注重寫實及科學精神。見琳達‧諾克林（Linda Nochlin）著、刁筱華譯：《寫實主義》（臺北：遠流出版事業股份有限公司，1998年），頁3～63。

〔註125〕沈鐘：〈臺灣文學的使徒——鍾肇政〉，《綜合月刊》，1981年2月，頁170。

〔註126〕鍾肇政：〈日據時代的臺灣新文學運動〉，收錄於丘為君、陳連順編《中國現代文學的回顧》（臺北：文鏡文化事業有限公司，1986年），頁85～86。

此外，鍾肇政更肯定時代的變遷及時代思潮的轉化，對文藝作家心靈所造成的影響。接著，他又進一步闡述其文學觀：

> 有些人是完全不管現實的；有些人則認為文學是不受社會現況的影響，僅是表達心靈的活動而已。至於我個人的文學觀則是比較偏向社會的。然而我所謂的「社會」跟一般所謂的「社會」是不太一樣的。……我認為一個時代有一個時代的思想主流，而我所關心的便是在那一種歷史的、社會的、思想主流下的「人類心靈的活動」……我盼望我們中國人以後可能有什們樣的遠景，我便在作品中間接地、隱含地表現我觀念。〔註127〕

在鍾肇政的文中可以顯現出他的文學觀是比較傾向社會層面，而一個時代思想主流下的「人類心靈的活動」〔註128〕更為其關注，他對文學的功能觀非積極的以文學進行社會改革，而是傾向消極且以隱晦的方式呈顯其嚮往的社會遠景。雖說如此，但並不影響鍾肇政積極的人生觀，曾接受過日本教育的他，自然會受日本影響而養成日本精神。所謂日本精神就是濟弱扶傾，富正義感，做一個堂堂正正的日本人。〔註129〕

二、小說創作

「人類心靈的活動」是鍾肇政所關注的焦點，在小說創作方面，他強調小說的特性之一即在於能夠呈現出人物的內心世界：

> 小說就有這樣的好處，你愛怎麼寫就怎麼寫，只要你寫出來的東西能夠吸引人，或者能夠給人家感動，或者能夠給人家帶來一些什麼東西，那你的小說算是圓滿達成了任務……人物的內心世界，戲劇表達起來非常困難……不像寫小說，我愛怎麼寫就怎麼寫，我說這個人內心現在怎麼樣地流動，他的思考、他的意識怎麼樣地流動變化，小說作品能夠寫得絲絲入扣。〔註130〕

小說最主要是寫人，或者是人生。簡言之，小說主要呈現一個乃至多個人生，或者是社會某一階層的人生，雖然每個人的生活方式不同，不過從不同小說

〔註127〕鍾肇政：〈日據時代的臺灣新文學運動〉，頁85～86。
〔註128〕同前註。
〔註129〕鍾肇政著、莊紫蓉編：《臺灣文學十講》，頁294。
〔註130〕鍾肇政：《鍾肇政回憶錄（一）徬徨與掙扎》，頁170～175。

題材呈現人生百態，讀者可以欣賞並從中得到一些所謂心靈與精神的糧食。若說文學作品是精神糧食，不正呼應鍾肇政所主張小說的特性為「人類心靈的活動」。如果能透過文學作品領悟人生的基本態度、人生觀及人生價值，不也是很好的途徑。吾人認為在文學創作上，鍾肇政的作品一直在反映社會，反映社會中人生的樣態。

三、臺灣文學觀

鍾肇政在〈血淚的文學、掙扎的文學——七十年臺灣文學發展縱橫談〉一文中指出：

> 發軔於二〇年代的臺灣文學，至此也在時代潮流的沖激下，進入了一個極可能不同於往昔的文學年代……臺灣文學又是怎樣一種文學？臺灣文學是臺灣本土的文學、臺灣人的文學、臺灣文學是世界文學的一支。〔註131〕

從以上談話中，我們得知鍾肇政對臺灣文學的認定是屬於臺灣人的文學，更是世界文學的一支。另外，在九〇年代後期一系列關於臺灣文學的演講中，鍾肇政更明確指出：

> 臺灣文學是臺灣人的文學，是產生於這塊土地、這個人民、這個文化背景下的文學作品，跟中國文學是無關的。〔註132〕

回顧歷史，鍾肇政曾在1987年參與《當代中國新文學大系》的編輯，其負責選編臺籍作家的小說作品，在他主編的小說二集導言裡，開宗明義指出該集所選為「屬於中國文學一支脈的臺灣鄉土文學」：

> 在本集裡，我們為卅年來，屬於中國文學一支脈的臺灣鄉土文學，做了一番綜合性的呈現。〔註133〕

在文末他更強調臺灣文學不僅包容於中國文學之中，與中國文學亦有著不可分割整體性：

> 臺灣文學所其獨特的地位，但又當然而然被包容在整個中國文學之中，構成相當有力的一個支脈。基於這種見地，我們可以說，五十

〔註131〕鍾肇政：《鍾肇政回憶錄（一）徬徨與掙扎》，頁255～256。
〔註132〕鍾肇政著、莊紫蓉編：《臺灣文學十講》，頁15～16。
〔註133〕鍾肇政編：《當代中國新文學大系——小說二集》（臺北：天視出版事業有限公司，1979年），頁1。

餘年來的臺灣鄉土文學與中國文學，卻有其不可分割的整體性。
〔註134〕

從上文或許我們會認定鍾肇政將臺灣文學界定為中國文學的一個支脈，是包含在中國文學之中。但我們不得不關心當時時代背景所造成的影響，相對於其在 1978 年所說：「臺灣文學是包容在整個中國文學之中」的言論，九○年代後期鍾肇政不僅界定臺灣文學屬於臺灣本土與臺灣人，是世界文學的一支，更明確的指出臺灣文學與中國文學無關，特地將臺灣文學與中國文學劃清界線。他曾經坦言當初之所以有「臺灣文學包容在整個中國文學之中」的論點，乃因急於建立臺灣文學所迫，在當局「臺灣文學」四字是禁忌，為因應時局不得不做此言論，也顯示出文人的無奈。鍾肇政說：

> 表面上我的作品要強調祖國意識，事實上那是因我必須保護自己。……那是白色恐怖很嚴屬的年代，寫作是帶有危險性的工作，寫錯一句話往往會遭致逮捕、監禁的後果。當時我急於建立臺灣文學，所以在《文友通訊》裏強調臺灣文學。「臺灣文學」這四個字本身就是禁忌，帶有危險性，我就說：我主張的臺灣文學是中國文學的一部分。事實上，我內心裏的臺灣文學是獨立的……這是我心中一直都存在的信念。〔註135〕

以鍾肇政後期對臺灣文學的定義而言，地域是絕對的條件，必以臺灣本土為書寫依據，才能稱為臺灣文學。就內涵而言，由於臺灣本身獨特的歷史，正如鍾肇政所言：「四百年臺灣史，是臺灣居民被迫的歷史。」因此，臺灣文學本身所展現出來的不外是被迫虐、被欺凌者的心靈呼喊。所以，臺灣文學可以說是血淚的文學，是民族掙扎的文學。〔註136〕若論其特色，鍾肇政認為臺灣文學驅用的文字工具之多樣化為世界文壇所罕見。

　　在 1957 年第三期的《文友通訊》中，鍾肇政提出臺灣文學應使用何種語言的問題，並以「關於臺灣方言文學之我見」為題，請文友討論。他的用意在於檢視臺灣事實上已成為中國各地方言匯集的地方，故臺灣的方言在文學作品裡應有值得釐清之處；再則是否可通過方言的運用，使臺灣文學更顯其獨特性。經過文友們的討論，大多持保留態度，但是，鍾肇政有其獨特見解：

〔註134〕鍾肇政編：《當代中國新文學大系──小説二集》，頁 15。
〔註135〕鍾肇政著、莊紫蓉編：《臺灣文學十講》，頁 296～297。
〔註136〕鍾肇政：《鍾肇政回憶錄（一）徬徨與掙扎》，頁 256。

> 文學明明是描寫人生、反映人生的，「人生」是怎樣的，便應該怎樣
> 地記錄下來。這是一種很樸素的文學論，但我信守不渝。並且臺灣
> 自日據以來，文學的工具用的都是人家的語言，至今臺灣文學依然
> 沒有自己的文學語言，這說得過去嗎？……因此，我們似不必以臺
> 灣地狹人少為苦，問題在於我們肯不肯花心血來提煉臺灣語言，化
> 粗糙為細緻，以便應用。我們是臺灣文學的開拓者，臺灣文學有臺
> 灣文學的特色。而這特色——方言應為其中重要的一環——唯賴我
> 們的努力研究，方能建立。我們在這一點，實在也是責無旁貸。
> 〔註137〕

從上文我們瞭解到，當時鍾肇政認為現行「國語」實則為北方方言，日久而
成文學語言，因此，認為臺灣方言寫作值得一試，臺灣文學應在語言上建立
其特色。然而，鍾肇政想藉由自身的實踐及文友們的討論認同，促使臺灣方
言成為臺灣文學特色之企圖，顯然是失敗了！事實上，文學語言的突破一直
為許多作家所嘗試，在作品中摻入方言用語的寫作不乏其人，只是在方言的
使用上，有比例的高低及巧妙各有不同。

　　回顧八十年來的臺灣文學，鍾肇政認為它確實表現人生的真實，留下見
證且不被統治者所騙用：

> 自來有一種說法，認為文學所要表現的，是人生的真實，或云真實
> 的人生。倘使這種說法可以成立，則七十年來的臺灣文學，確實也
> 表現了人生的真實、真實的人生。儘管在這七十年間，曾經有無其
> 數的橫逆加在她身上，然而她在備受壓抑與阻礙下，依然緊緊扣住
> 社會的脈動，為歷史，也為真實的人生、人生的真實，留下了珍貴
> 的見證。換一種說法，她始終不願淪為統治者的御用工具，保持其
> 文學尊嚴，儼然確立了她自主的風貌。……文學固然以創作優美的
> 藝術作品、表達深邃的人類思維，以期有助於提昇人類心靈為最高
> 境界，然而當社會充滿不公不義之際，提出鍼砭，俾有所匡正，卻
> 也是做為一名「靈魂工程師」者責無旁貸之事。〔註138〕

總而言之，鍾肇政視「尊嚴」與「自主」為臺灣文學傳統精神外，亦贊同藝
術才是文學的本質，社會性或人性只是作品成立的若干條件之一，不講求藝

〔註137〕鍾肇政：《鍾肇政回憶錄（二）文壇交遊錄》，頁25～26。
〔註138〕鍾肇政：《鍾肇政回憶錄（一）徬徨與掙扎》，頁290～291。

術經營的作品不容易有永恆的可能性。然而，一旦涉及文學的功能與文學家的使命感時，鍾肇政仍不免表露出欲以文學匡正世風、教育民眾的企圖。他認為文學應該對不公不義的社會提出鍼砭，且視為作家責無旁貸之事，這正是鍾肇政應許為「靈魂工程師」的期許，正因為他一生從事教職，不曾遺忘落實文學紮根、文學下鄉的理念，由文學教育學生、由文學感化人心，這份期許正是鍾肇政對自我及對臺灣文學的期許。因此，研究者將在第三章探討鍾肇政第一部成名小說《魯冰花》，試圖藉由文本的研究及敘事結構的分析，深入剖析六○年代教育與文學糾葛的關係。

第三章 《魯冰花》故事情節與敘事結構

第一節　社會背景分析

　　鍾肇政於 1960 年發表第一部成名小說《魯冰花》，這部小說是他從現實取材，以當時教育界的病態為探討主題的一部長篇小說。鍾肇政曾說：「我利用寒假前後一個多月的時間，一口氣把它寫下來，並且還是不打草稿的（記得寫〈柑子〉的時候起，就試著不打草稿）。心想如果寫完後不必做大幅度的修改，就不再繕正了。結果正如所願……」〔註1〕可見鍾肇政的創作意志堅定，使得他在如此短暫的時間中完成這篇佳作。本節將從如下的政治變遷、經濟發展、教育方針及社會變遷等現況加以探究。

一、政治變遷

　　1945 年 8 月 15 日，日本正式宣告無條件投降，同年同月 29 日，國民政府特任陳儀為臺灣省行政長官，負責臺灣之接收及軍政事務。政府決定在臺灣設特殊行政體制——行政長官公署制〔註2〕，但並未能贏得臺人普遍的諒解

〔註 1〕　鍾肇政：《鍾肇政回憶錄（一）徬徨與掙扎》（臺北：前衛出版社，1998 年），頁 198。

〔註 2〕　依「臺灣省行政長官公署組織條例」，行政長官公署受中央之委託，得辦理中央行政。行政長官對在臺之中央各機關有指揮監督之權，並可在職權範圍內，發佈署令及制訂單行法規，同時，身兼臺灣省警備總司令。可見行政長官制係集臺灣省司法、立法、軍事、行政等大權於一身的一元化領導。見洪麗完、張永楨、李力庸、王昭文編著、高明士主編：《臺灣史》（臺北：五南圖書出版股份有限公司，2006 年），頁 251～254。

和支持。1945 年底，各縣市行政體系完成接收重整工作，翌年 2 月起先後成立村里民大會，由村里民大會選舉縣市參議員，成立縣市參議會，再由縣市參議會選舉省參議員，成立省參議會。省參議員選舉於 4 月 15 日舉行，應選三十人，而全省參選者多達一千一百八十人，當選率僅 2.54％。由此可見，臺人在結束殖民統治之後，對於地方公共事務及政治參與的熱烈〔註 3〕，為戰後臺灣地方自治之濫觴。

但因行政長官公署權利之大幾乎等同於日本殖民時代所設的總督，臺人日夜思盼回歸祖國後所應享有的權利幾近落空，加上大陸戰事逆轉，長官公署處理私菸事件失當而釀成 1947 年的「二二八事件」，餘波蕩漾至今未減。加上後來臺灣戒嚴，使得人人在風聲鶴唳中蒙上一層「白色恐怖」的陰霾。

1950 年 4 月 22 日，臺灣省政府公佈施行「臺灣省各縣市實施地方自治綱要」，9 月再度調整縣市行政區域，由光復初的八縣九省轄市調整為十六縣五省轄市，地方自治的籌備工作乃告完成。省政府於同年 7 月起，開始辦理第一屆縣市議會議員選舉；第一屆鄉鎮縣轄市區長選舉，也於同年 10 月陸續開始辦理。縣市議員、鄉鎮縣轄市民代表最初任期二年，1955 年起改為三年，1964 年起延長為四年。選舉的文化於是形成，而由選舉中亦可看出投身政治與選舉活動之人們的各種形象。

二、經濟發展

第二次世界大戰末期，日本人將臺灣物資大量投入戰場，加上美軍轟炸破壞殆盡，接收之後復健工作緩慢，然而，接收日產轉為公營事業，又以貿易局和專賣局統制經濟，扼殺臺人經營商機。中國大陸方面由於國共內戰漸熾，臺灣的米、糖、煤、鹽輸往中國大陸，導致臺灣物資缺乏。行政長官公署為支應財政需求而增加貨幣發行額，結果導致通貨膨脹，惡性通貨膨脹可說是當時最大的夢魘。1949 年 6 月，省政府改革幣制，臺灣銀行發行新臺幣，以新臺幣一元兌換舊臺幣四萬元，並切斷與惡化的中國大陸經濟之關係，抑止通貨膨脹。〔註 4〕

經濟的變革先從土地改革開始，自 1949 年 4 月至 1953 年 1 月，先後實

〔註 3〕 黃秀政、張勝彥、吳文星：《臺灣史》（臺北：五南圖書出版股份有限公司，2002 年），頁 243～247。

〔註 4〕 同前註，頁 281～282。

施「三七五減租」、「公地放領」、「耕者有其田」等一連串的重大土地改革政策。在這一連串的改革政策中,政府當局強調農民負擔減輕、地主利益有保障,而且地主資金轉移到工業資本;農民的負擔減輕,也確實比從前的田佃租輕微而可取得土地。如此一來,土地資本家的地主轉移成爲工業資本家,的確有助於促進工業化,而農民負擔減輕提高購買力,也給消費經濟帶來活力。〔註5〕

　　1950 年韓戰爆發後,臺灣戰略地位轉趨重要,美國開始對臺灣提供軍事、經濟援助。總計自 1951 年至 1968 年間,美國對臺灣的實際援助及貸款物資爲 14.82 億美元,其最直接的經濟影響是維持臺灣經濟安定,此外,亦擴大臺灣與國際經濟之關係。在美國經援臺灣期間,臺灣居民開始接觸更廣的世界,與美國建立的經貿關係,使有識之士找到商機,而爲臺灣的經濟發展開啓了新的契機。

　　隨著政府政策的推進,1954 年至 1967 年是臺灣農業發展快速成長時期。由於實施耕者有其田,大部分農民成爲自耕農,提高農業生產意願,採用勞力密集的耕田方式,加上政府大力推行農業推廣教育,擴大生產設施、改善生產技術等。就整體經濟觀之,農業發展十分顯著,但是,從個別農家經濟觀之,農業並未受到應有的重視。換言之,農家經濟不但改善有限,農民所得與非農民所得之差距,反而有逐漸擴大的趨勢,以致引起 1968 年至 1980年此時期農業的衰退。〔註6〕

三、教育方針

　　臺灣光復之初,國民義務教育年限原爲六年,由於政府對教育事業發展的重視,國民教育發展非常迅速。1950 年代中期,即產生國民小學畢業生升學初級中學的瓶頸現象。政府爲消除此一現象,以滿足國民接受教育的願望,乃於 1967 年積極籌備實施九年國民義務教育,而於 1968 年正式實施九年義務教育。

　　1945 年國民政府接收臺灣後,教育政策係以清除日本殖民思想與文化「遺毒」爲重心。1949 年政府遷臺,懷著生聚教訓、矢志光復大陸山河,因此將「反共復國」、「復興中華文化」、「實行三民主義」、「鞏固領導中心」等意識

〔註 5〕黃秀政、張勝彦、吳文星:《臺灣史》,頁 283～284。
〔註 6〕同前註,頁 292～293。

形態,加入學校教科書與潛在課程之中。在一黨專政的權威時代,雖然在思想控制與文字獄迫害的幅度相較於明清封建帝國時期較為緩和,但從學規、儀禮、崇孔重儒、國定教科書標準版、聯考制度、領導崇拜與黨國意識忠誠、學生不可結黨批評時政等模式來看,仍與日治時期同出一轍的控制效果。從穩定臺灣初期的局勢與鞏固國民黨政權的角度來看待此時期的教育政策,不難理解這種教育型態的產生,是因為教育仍處於在政治支配與操控下的工具角色。〔註7〕

四、社會變遷

　　1946 年臺灣人口約六百一十萬人,隨著中國大陸的動亂,各省人士陸續遷徙來臺,臺灣人口驟增,至 1950 年增至七百五十萬人。1951 年以後,由於國際局勢及實施徵兵制度,臺灣人口與外界的對流大幅減少,自然增加成為主宰臺灣人口變遷的主要力量。由於高出生率而死亡率逐年下降之結果,1964 年臺灣地區人口突破一千二百萬人。戰後臺灣人口死亡率延續日治時期的特色,繼續急速下降,1947 年至 1961 年期間,粗死亡率由 1.8%降至 0.7%,其後仍繼續下降,但趨勢漸趨緩和。

　　財富分配的不均是構成社會階層化現象的一個重要側面,而家庭所得的分配則是測量此一現象常用的指標。1960 至 1970 年代是臺灣工業化時期,一方面農家急遽減少,蛻變成為勞工家庭,提高了所得,另一方面因農家部份人口就業於工業部門,或其家庭副業與兼差的關係,農家的非農業所得大幅地增加,使得貧富的差距逐漸縮小。〔註8〕

　　綜觀上述,《魯冰花》成書時間及其反映的社會現象,正值六〇年代之初。光復後臺灣社會變遷快速,在職業、教育、城鄉,甚至財富等層面均有明顯的轉型,而這些改變皆深刻影響臺灣社會階層的結構與社會流動的態勢。

第二節　情節概述

　　小說之所以引人入勝,情節厥為首要,情節應是作家在生活故事的基礎

〔註7〕何憶如、張耀宗、彭煥勝、曾素秋、葉憲峻:《臺灣教育史》(高雄:麗文文化事業股份有限公司,2009 年),頁 424。
〔註8〕黃秀政、張勝彥、吳文星:《臺灣史》,頁 306～307。

上加工提煉出來的事件過程,既具有時間性又具有因果性。〔註9〕二次大戰後三十年的社會環境,爲鍾肇政之寫作帶來題材的侷限與作品思想的禁梏,《魯冰花》爲了配合魯冰花花開花謝的季節性,大致在因果性上有較明確的「順序」時間:郭雲天從休學的大學生到臨時代課教員、古阿明從生到死等,以短短三個月的時間,描述一位天才小畫家的隕落,讓讀者感受到這三個月的巨大轉變。一般而言,故事情節從發生到結束,前後是有某種內部聯繫的,這種內部聯繫也是貫穿在整個作品的情節線索。〔註10〕《魯冰花》一書中結構單純簡單,呈現二元結構,主結構是比賽代表選拔風波,副結構是愛情糾葛,最後,兩個結構合而爲一。鍾肇政在書中談了友情、親情、愛情、價值觀及教育觀等等課題,讓這部小說的情節內容更貼近讀者的實際生活。

六〇年代的臺灣是個貧富不均的社會,窮困的人過著苦不堪言的日子;富裕的人擁有豪華大宅院,在物質生活上更是大肆鋪張。光復後的臺灣,正面臨政治、社會、教育及經濟等各方面新時代的變遷與挑戰,《魯冰花》也就在這樣的環境下孕育而生。

一、吹皺一池春水

在魯冰花盛開的季節,黃澄澄的花朵串串而起,與一行行綠油油的茶樹,交錯成綠黃相間的美麗圖畫。這就是位在水城鄉東北隅——泉水村春天的寫照。

水城國校因爲年輕且富有才華的郭雲天的到來而吹皺起一池春水。

水城鄉這個純樸的小鎮,在魯冰花盛開的三月裡,出現一位年輕且又有才華的男性臨時教員——郭雲天,他是一位美術科班的大學生。郭雲天在水城國校校長廖大年三番兩次盛情邀約下,以及預料能夠藉著身處兒童中遣愁排悶,而來到水城國校擔任三個月的代課教員。

家中貧窮的天才小畫家古阿明,生性活潑,學業表現中等〔註11〕,四歲起就非常喜愛畫畫,古阿明就學後更能大膽地就自己對於色彩、構圖的感覺,表達出自己的內在世界。舉凡天狗食月、貓捉老鼠、牛與牧童等,都是他平日生

〔註9〕 魏飴:《小說鑑賞入門》(臺北:萬卷樓圖書有限公司,1999年),頁163。
〔註10〕 同前註,頁175。
〔註11〕 《魯冰花》書中描述:古阿明班上約60名學生,而古阿明的成績約15名左右,算中等表現。

活的題材，其中一幅茶蟲的畫，畫著蟲啃食著父親辛苦種植的茶樹，更是鮮明生動。畫面上各種大小的茶蟲猙獰樣子，拚命的啃食茶葉，有的還吃畫面上人物手裡捧的飯，甚至吃另外一個人的衣服，在在表現古阿明的憤怒與恐懼。

古阿明特別喜歡狗，但古石松因為經濟考量堅決不讓古阿明養狗。因此，古阿明只好養隻貓，因為貓會抓老鼠，而家中鼠患不斷，古石松勉為其難答應讓古阿明養隻小貓咪。〔註12〕放學後，古阿明總和小貓形影不離，小貓咪曾經誤食毒藥而喝烏糖水解毒，竟也奇蹟似的活了過來，如今，小貓咪已長大許多，天真活潑的古阿明依舊喜歡和小貓咪玩耍，單純的遊戲總是讓他與小貓咪玩得不亦樂乎啊！

古茶妹是一位生性聰穎、善解人意且乖巧懂事的女孩，不但經常利用課餘時間幫忙媽媽，更是肯定弟弟畫畫天份的好姊姊。她成績優異，頗有繪畫天份，卻因父親的不允許，只好放棄圖畫訓練，早些時候回家幫忙媽媽。不過，因為郭雲天對孩子們繪畫的啟發，讓茶妹發覺到：自己對畫畫忽然變得出奇的喜歡，美術訓練的時間也使她依戀。

古阿明的父親——古石松，年輕時，在鎮上一家豬肉店當學徒殺豬，後來成為一名出色的屠夫。那時，臺灣還沒有光復，戰時臺灣的肉商可以稱得上是天之驕子，個個出足風頭，唯獨生性慈悲、固執、憨厚的古石松除外。光復後，臺灣的經濟一百八十度大轉變，脾氣固執的古石松註定要失敗〔註13〕，不到兩年光景，他不得不帶著老母親、妻子及襁褓中的茶妹，回到崗上茶園的老家，苦苦耕著祖傳的一甲茶園，以及另外向林長壽縣議員承耕的二甲地；上奉老母，下養妻兒，吃力地維持一家的生活。

古石松家中的經濟並沒有因為全家人的胼手胝足而獲得改善，困頓的生活總是壓得他喘不過氣來。在此狀況下，年邁的母親體力衰弱，健康亮起紅燈，古石松為了盡為人子最後的孝道，不惜舉債請醫生醫治母親的病，但屋漏偏逢連夜雨，母親的病情毫無起色，此時，剛滿周歲的第三個小兒子也生病。當他發現家中經濟無法支付兩人醫療費，只能狠心讓最小的兒子夭折，不幸的是，老母親卻因幼孫早夭而傷心過度，竟也萬分遺憾地嚥下最後一口氣撒手人寰。古石松面臨老母親及么兒雙雙過世的殘酷現實，不得不四處借貸，勉強辦完喪事，最後，他負債將近一萬元。

〔註12〕鍾肇政：《魯冰花》（臺北：遠景事業出版公司，1979年），頁33。
〔註13〕同前註，頁31。

二、美術選拔的黑暗

廖大年校長將美術選手訓練班交給郭雲天負責，郭雲天發現古阿明對色彩和自然具有高度的敏銳觀察力，並且極富孩童的天眞想像力，認爲他是一位繪畫小天才。正因古阿明天馬行空的想像力與色彩鮮明的靈活運用，讓郭雲天十分關照古阿明，並有意推選他爲三年級的美術選手代表。然而，郭雲天對古阿明的肯定，引起訓導課長徐大木及教導主任李金杉等人的不滿，甚至私下施壓於校長。在決定選手當天，訓導課長徐大木極力反對由古阿明代表三年級參加比賽，他們一致認爲古阿明的畫沒人看得懂，林長壽縣議員的兒子——林志鴻，才是最有資格的代表。經過一番辯論與投票，最後，校長不得不宣佈三年級的代表爲林志鴻。

面對古阿明落選，郭雲天徹底瞭解明瞭李、徐兩人對校長影響力之大，不僅校長，恐怕對所有的同事們都有著很重大的影響力。校長有意退休的傳聞裡，有人說他是年老體衰，不堪勝任，實際上可能有部份原因是僚屬的壓力，教他感到心灰意冷，而校長性格軟弱，難怪只能急流勇退。

郭雲天眼見學校老師們的勢利短見和愚劣，心想：這就是社會，就是任何一個圈子裡都不可避免的明爭暗鬥。〔註14〕

不過，郭雲天最關心，也是最擔心的是：怎樣向古阿明交代呢？在他匆忙收拾學生的作品時，赫見一幅古阿明的畫作——那是一頭水牛，犄角奇大，幾乎佔滿整個畫面的三分之一。左下角是一個牽牛的牧童，看來這牧童小得還沒有一隻牛角大，但也因此顯出那雙牛角的強大有力，這些雖然那麼不均衡，可是任誰都可以看出作者的主張如何，意圖在哪裡。而那種由原色構成的鮮艷色彩，更具有一股扣人心弦的力量。郭雲天不禁低低自語著：「這是馬蒂斯〔註15〕的手法啊……」〔註16〕

〔註14〕鍾肇政：《魯冰花》，頁 119。
〔註15〕亨利・馬蒂斯（Henri Matisse，1869～1954）法國畫家，野獸派的創始人及主要代表人物，亦是一位雕塑家、版畫家。由於受到後印象派的畫家塞尚、高更、梵谷、希涅克等人的影響，同時吸收日本藝術形式，他在自己的作品中將顏色的作用發揮到極至，從 1899 年到 1905 年其作品採用希涅克的點彩畫派技巧。並於 1901 年第一次參展，1904 年第一次召開個人畫展。1905 年到南方和安德列・德朗一起工作，常到蔚藍海岸，他這時的風格轉變爲平坦的畫面，輪廓鮮明、不拘小節、色彩大膽，成爲野獸派的領袖。此時野獸派包括德朗、哈奧・杜菲和莫里斯・弗拉曼克等人。1906 年野獸派運動開始逐漸消失，但馬蒂斯始終堅持自己的風格，在 1906 到 1917 年之間創造許多作品，以使用鮮明、大膽的色彩而著名。

　　古茶妹對於弟弟能否參加畫畫比賽之事十分期待，她簡直不敢相信這樣的結果，弟弟將會是多麼失望啊！然而，古石松對於這事情一點也不關心，他所關心的就只有茶蟲。他甚至認為古阿明的畫是不行的，那種希哩古怪的東西，鬼畫符似的，叫人看都看不懂，怎麼能夠當選一名選手跟人家比賽呢？〔註17〕不管古茶妹如何為弟弟辯護，古石松仍不相信古阿明是位畫畫天才。當古茶妹找遍各地尋找弟弟行蹤時，竟發現古阿明正把郭雲天贈送的蠟筆，一枝枝拿在手裡折著，折了一小截，看看，讓它從指頭掉下去，然後又再折。那是一種沒有任何思想在作用的、機械般的動作。〔註18〕在弟弟一陣爭吵、哭鬧中，古茶妹更加不捨弟弟的落寞與失望，這時，她也茫然了！她猜不透弟弟究竟在想些什麼，而平時東張西望、心不在焉的古阿明，此刻只是低著頭在茶園工作，無視於古茶妹的問話。

　　在茶園抓蟲的古茶妹，看到一個熟悉的背影正在與父親講話。啊！那是郭老師，的確是郭老師，她連忙向阿明叫喊：「看哪！阿明，郭老師來了！」。〔註19〕任憑茶妹如何示意，古阿明並沒有搭腔，直到郭雲天喊了一聲：「古阿明」，他好像不好意思了，轉過身子，沒有仰起面孔行了個禮向郭雲天說聲：「好」，馬上又轉身抓蟲。郭雲天試圖對古阿明說出心中的歉意，以及央請古阿明的諒解。其實，古阿明已經不再生郭老師的氣，在郭老師來以前，古阿明一直恨郭老師，認為他是騙子，甚至決定永遠不和郭老師說話。但是，當他明白郭老師的心意時，這些怨恨都消失殆盡。此外，郭雲天帶來一個好消息，那就是要古阿明代表我國，參加全世界的兒童畫展，無法置信的姊弟倆又驚又喜，但此時，茶妹又擔心無法順利抓完茶蟲及折斷蠟筆之事。沒想到，郭老師已經徵求古石松的同意，並且帶來新的畫具。

　　全縣國校兒童美術比賽成績揭曉！水城國校今年成績出奇亮眼，榮獲一個亞軍、三個殿軍及團體第四名。這對水城國校而言是莫大的光榮，全校師生欣喜若狂，唯獨辛苦訓練選手的郭雲天獨自在教室看書。事實上，郭雲天早已心灰意冷，他覺得目前校內的氣氛對他並不利，他隱約感受到似乎有人不容許他留在水城國校，要不是因為古阿明。沒錯，他想起古阿明昨天畫的那幅茶蟲，是近一個月以來令他最滿意的作品啊！那真是一個奇異的幻想世

〔註16〕鍾肇政：《魯冰花》，頁121。
〔註17〕同前註，頁124。
〔註18〕同前註，頁125。
〔註19〕同前註，頁130。

界,在一面圖案化的綠色畫面上,各種各樣的大小茶蟲畫得猙獰可怕;此外,還有幾個人物——古阿明曾向郭雲天說那三個人是姊姊、小弟弟和他自己。有的茶蟲拚命在啃蝕茶葉、有的在吃人物手上的飯、有的在吃人物身上的衣服。古阿明那小小心靈裡的憤恨與恐懼,靠著他那獨特的、大膽的筆觸,毫無遺漏的表露出來。〔註20〕

當郭雲天想起不久之後就不得不離開這個地方時,心中便有一股近似鄉愁悵悵然之感湧上心頭,他久久凝睇於自己心版上的痕跡,他不由得不承認那裡除了古阿明以外,另外還有一個影子。他常常戒懼著不去想那影子,偏偏思想不聽他的使喚,時時都要落在它上面,這樣的時候,他就焦灼的企圖擺脫思緒的纏繞。〔註21〕那心中揮之不去的影子便是林雪芬,他認為林雪芬本人是關鍵,她既是個現代青年,便有權走現代人認為正確的路。但是,郭雲天覺得個性軟弱的林雪芬應該沒有勇氣越過傳統的圍籬,就在郭雲天的思緒陷入愛情與現實的掙扎時,他彷彿聽到美術比賽的結果。

美術比賽輝煌的成績,對水城國校而言是空前的優異,足以讓全校師生興奮不已。然而郭雲天卻認為並不足以大驚小怪,因為,這不比他預料的成績好多少。不過,林志鴻的獲獎倒是引來一陣歡欣鼓舞,更讓林長壽縣議員特地到學校關心,談話間,徐大木及李金杉刻意說出郭雲天原意屬古阿明參賽之事,惹得林長壽有些不悅。他提出想見郭雲天及宴請學校教師,當然,除了感激教師們的努力外,最重要是選舉將至,林長壽有意競選水城鄉鄉長,想請這群知識份子協助幫忙。然而,個性內斂木訥的郭雲天在與林長壽一番生疏的交談後,終於領悟到:原來在社會上是有一套很麻煩的禮數。〔註22〕此時,個性軟弱的廖大年校長過來關心郭雲天,他說:「我這是衷心話,今天下午啊,給獎典禮時,我聽到評判員唸出成績的時候,不由得想到你,如果照你的意思讓古阿明來參加,那我們一定得了一個冠軍了。」〔註23〕廖大年誠懇的言語,讓郭雲天萌生憐憫之情,或許世上有不少心地善良的人,往往因個性軟弱,而使事情功敗垂成;而軟弱之於善良,又常常如同影於形,永不可分,許多人間的悲劇便由此而生。〔註24〕

〔註20〕鍾肇政:《魯冰花》,頁138。
〔註21〕同前註,頁139。
〔註22〕同前註,頁153。
〔註23〕同前註,頁155。
〔註24〕同前註。

三、暴風雨前的寧靜

　　孩子們正期待一年一度的五谷爺誕辰〔註25〕之日的到來，因為，學生們不但可以放半天假，還可以享受美食，甚至可以到鎮上的廟前看戲啊！唯有這一天，這些貧窮的「泉水牯」人們，他們跟別村家境小康的人們，乃至富豪一樣，有權享受這一天。〔註26〕早答應帶孩子們去看戲的古石松在此時卻嘆起氣來，經過太太的詢問得知即將採茶的茶園又長蟲了！古阿明的母親建議可以找林長壽幫忙，但在古石松的腦海中：有錢人家永遠是特別看中金錢的人種。〔註27〕因為，林長壽是一位自私自利、一毛不拔的人，除非，危害到他個人的利益，否則，家財萬貫的林長壽絕對不可能慷慨解囊。在善解人意的古茶妹及古阿明決定請假幫忙抓茶蟲下，父親答應讓姊弟倆到鎮上看戲玩耍，此時，古阿明仍不忘抱著他最心愛的寵物——小貓咪。

　　姊弟倆在路上遇到郭雲天及林雪芬，提及為了抓茶蟲將請假一事，林雪芬要他們請古石松到家裡找林長壽。接著，郭雲天與林雪芬沿途聊天，兩人從翁秀子，談到畫畫比賽，再談到郭雲天當晚的宴客沒有出席的原因，不知為什麼，今晚兩人之間的對話不似平時，空氣中似乎瀰漫詭異的氣氛。郭雲天與林雪芬明知兩顆心在互相吸引，也許一碰上，就會迸發出火花來，然而，越是想碰在一起，就越離開。猶如兩塊被煉鐵鎖住的磁鐵，當鍊子沒有那麼長時，不管兩塊磁鐵怎麼轉動跳躍，他們都無法相碰。〔註28〕

　　古石松的造訪，讓睡意正濃的林長壽，著實感到不高興，若不是因為選舉將至，為了展現所謂「民主風度」——即使是卑微到不值一文的窮佃農也不能得罪，否則，他差點禁不住心中的無名火，幾乎要把林雪芬痛罵一頓。而在私人利益的作祟之下，林長壽的關懷熱忱倒是讓古石松莫名其妙起來，並且大方拿出一百元借給古石松，還不忘叮嚀他：「如果不夠，明天早上再來好啦！」不敢置信的古石松就在林雪芬的幫忙下，坐上巴士離開林家。

　　值夜班的郭雲天在辦公室伏案批改考卷，他仍耿耿於懷昨晚與林雪芬的事，就在他的思緒陷入膠著中，一股脂粉香味衝進他的鼻子裡；幾乎同時，

〔註25〕為桃園縣大溪鎮龍元宮所供奉之神明。其廟創建於清嘉慶五年（1825），主祀神農大帝、文昌帝君及天上聖母。廟中供奉的神農大帝，又稱為五谷爺，衣冠束帶，文官氣派與一般所見半裸的神農像完全不同，是北部少見的例子。

〔註26〕鍾肇政：《魯冰花》，頁 165。

〔註27〕同前註，頁 163。

〔註28〕同前註。

他的背部猛地被拍一下，他吃驚回頭一看，一張塗得紅紅的，露出皓齒的嘴巴，就在他眼前一尺多處。〔註 29〕那就是翁秀子，翁秀子故意試探郭雲天昨晚和林雪芬的交談內容，也試圖表示徐大木將郭雲天視爲情敵之事，意圖表達對郭雲天的愛慕與資助等。在郭雲天與翁秀子一陣敏感話題交戰之後，郭雲天一句淡淡「請妳讓我好好考慮一下，好嗎？」，翁秀子凝視了郭雲天一會兒：「好吧！那麼我走了。」郭雲天覺得翁秀子的步子踏得很急促，但郭雲天沒有送她，連一句再見也說不出來。〔註 30〕

　　選舉結束了，但古石松當天並沒有去投票。因爲，茶園裡的茶蟲正狠狠啃蝕著他的內心、啃蝕著一家的經濟來源，在學校裡，選舉所激起的波浪是很微小的，不過，正因爲選舉當日學校中的男老師去當選務人員，理當補假一天，孩子們也因此多放一天假。然而，在經過美術比賽過後，已平靜多日的水城國校，卻又因爲廖大年校長在教師晨會中的報告引起一陣騷動，校長宣佈一件出乎眾人意料之外的事：郭雲天老師因爲家裏有要緊事，不能分身，不得已辭去代理教員的職務，那是昨天下班後才決定的，而今天他就不能來了。〔註 31〕儘管校長如何讚揚郭雲天爲美術教育所付出的心血，此時，同事們早已對郭雲天突然的離職議論紛紛，諒誰也想不到郭雲天離開水城國校的眞正原因。然而，在三十多位同事中，林雪芬與翁秀子無不因爲此事受到打擊，雙雙不得不想起最後一次的相處與對話，郭雲天的離開對林雪芬而言，猶如天上來去無蹤的雲朵，稍縱即逝，永遠不再回。這種預兆使她茫茫然送走了那個不幸的禮拜六，接著，在家裏度過空虛寂寞的禮拜天。〔註 32〕

　　星期一學生放學後，林雪芬收到一封沉甸甸的信，那熟悉的字跡，讓她飛奔躲進教室，獨自急忙拆開信件仔細閱讀。書信前言道盡郭雲天對林雪芬的情愫與依戀，文中簡單說出廖大年校長似乎不得不要郭雲天離開的事實，然而，郭雲天最大的遺憾與心願就是畫林雪芬。不過，現在林雪芬的一顰一笑已經深深烙印在郭雲天心中，接著，他所掛念的人就是天才小畫家古阿明。郭雲天認爲：當我們發現應該受到栽培的幼苗時，我們總得盡一份責任來培育他。眼淚潰堤的林雪芬，心中滿是激動，她明白要不是郭雲天使她大失所

〔註 29〕鍾肇政：《魯冰花》，頁 185。
〔註 30〕同前註，頁 190。
〔註 31〕同前註，頁 192。
〔註 32〕同前註，頁 196。

望、使她心中無所依靠,她一定會在父親面前美言幾句的,但一切為時已晚,此刻,她決意不要當個馴服的女兒,決定與環境搏鬥一番。〔註33〕於是,林雪芬提筆寫出一封無法寄出的信,一一表達出自己的真心與決心,且表明願意協助古阿明。

郭雲天的離開對古家姊弟而言無疑是晴天霹靂的消息。林雪芬確實兌現對郭雲天的承諾——好好照顧古阿明。林雪芬特地送古阿明一盒三十六色的蠟筆、一盒顏料、一個調色盤與兩支畫筆,這讓家境清寒的古阿明雀躍不已,林雪芬還鼓勵古阿明一有空就畫畫,並且再送給古阿明一大疊圖畫紙,個性直爽的古阿明也欣然答應。

四、無情的暴風雨

悶熱的六月午後,似乎即將有一場大雷雨的來襲。

好多天以來,古阿明一直在盼望著這個星期假日的到來,因為,他決定要用水彩來畫割稻的景色。在他的腦海中早已描繪出這幅金黃色的燦爛收割圖——一片稻穗、夕陽、枯黃的稻葉和黃色的稻草束;還有,割稻人的竹笠,他們那被泥巴沾汙的衣褲、他們那健康的膚色,簡直是一片黃色世界。〔註34〕放學後,古阿明想到此情,便狂奔回家。回家後,古阿明發現心愛的小貓咪失蹤了,他瘋狂似的到處尋找,深怕小貓咪又誤食毒藥,這天沒有風,烏雲黑壓壓地籠罩住東南邊的蒼穹。在烏雲裡,偶爾會閃出一條蛇般的電光,接著,就隱隱傳來雷聲音。〔註35〕此時,就在一棵茶叢下,古阿明發現口吐白沫的小貓咪,小貓咪並沒有因為古阿明的悲叫而緩和眼眸的兇光,反而變得更驚悸,彷彿牠已恢復野性,正在面對著一隻比牠更強、更大的野獸,即將展開你吃我、我吃你的生死搏鬥。〔註36〕儘管雨勢逐漸增強、雷聲轟隆隆作響,然而,佔據古阿明整個意識的只有那隻中毒的小貓咪。他在雨中竭盡心力想抓住小貓咪,一心一意想帶小貓咪回家治療——灌烏糖水,奈何,中毒的貓咪已無法控制獸性而胡亂竄跑。最後,古阿明終於在小貓咪精疲力盡之下,得已抱住小貓咪。此時,雨快停了,細細的雨點淅淅瀝瀝地灑下來,古阿明失神好一會兒,才蹣蹣跚跚拖著沈重的腳步回家。

〔註33〕鍾肇政:《魯冰花》,頁200。
〔註34〕同前註,頁205。
〔註35〕同前註,頁206～207。
〔註36〕同前註,頁208。

星期一，古阿明缺課了。林雪芬以爲家中有事不以爲意；第二天，古阿明又缺課，經由古茶妹的轉述才知道古阿明臥病在床，而林雪芬原以爲是淋雨受涼，沒什麼大不了，但也覺得放學後應該去看看。〔註37〕林雪芬一看到古阿明大吃一驚，忽然感到一股莫可名狀的恐怖，這幾天古阿明一直呈現昏迷狀態，古石松也只是習慣性拿個藥包給古阿明服用，林雪芬好像著魔般指責著古石松，古石松那愚蠢的宿命觀──生死有命，在他的觀念裡，什麼都是命，其實還不是爲了那筆壓得他透不過氣來的債？〔註38〕

林雪芬再度提筆寫著一封封無法投遞的信，信中自責自己的疏忽，差短短的二十四小時，就能及時救活得了急性肺炎的古阿明，而因她一時大意，竟讓一個天才夭逝。隔天，林雪芬帶領同學們到古阿明家中探視，在師生問候中，古阿明仍掛意著他的身體能否康復起來、畫作是否得獎？林雪芬安慰古阿明，說明他的身體一定會好起來，而且他的畫作一定能獲得世界的冠軍，並且告知古阿明同學們探病之事，古阿明聽到同學們的關心與探視，眼睛爲之一亮，心情也隨之開心起來。但隨即而來是古阿明更急促、更微弱的呼吸聲，剛在心中萌生的期望又被粉碎，在房裡的林雪芬、林志鴻、古石松與古阿明母親也禁不住流淚。就在此時，外面傳來一陣腳踏車的馬達聲音，原來是教導主任李金杉及一位年輕的醫生。李金杉告知林雪芬古阿明獲得世界兒童畫展特獎的好消息；年輕醫生說明古阿明的病情已經回天乏術的壞消息，這讓林雪芬失去矜持般奔向古阿明，放聲大哭，哭倒在失去神智的病人身上。

五、繪畫天才的隕落

水城鄉舉辦了一場難得一見的盛大奠禮。

林長壽親臨主祭，許多鄉內機關首長都到場。靈堂正面，少了往生者遺照，取而代之的是：一張渡過太平洋，從南美的一個陌生國度裡寄來的獎狀。〔註39〕此時，鄉長再多的承諾與不捨都不可能喚回小天才的隕落，就在來賓坐席最末尾的一張板凳上坐著一個很遲才趕到的青年男子，他默默低著頭，淒苦的表情中彷彿含著憤怒；悲痛的神色中似乎摻雜著絲絲慰藉，奠祭結束了，接著是出殯。林長壽鄉長爲了表示鄭重之意，由林志鴻取代古茶妹緊隨

〔註37〕鍾肇政：《魯冰花》，頁212。
〔註38〕同前註，頁214。
〔註39〕同前註，頁220～221。

在靈柩之後，行列遠去，禾埕留下收拾靈堂的人們，在忙碌地工作著。此時，古茶妹認出那熟悉的背影：「郭老師」。古茶妹的聲音很靜穆，靜穆到不像個剛失去一個可愛弟弟的人。〔註40〕許久，兩人靜靜相視，久久不發一語。瞬間，兩人相擁而泣，郭雲天細心安慰著古茶妹：「阿明一定很高興……」古茶妹的淚不止，郭雲天又說：「好了好了，阿明應該滿意的……一個天才，不是嗎？唉唉，一個天才……」古茶妹的淚水停了：「哪有什麼用？沒有死的時候誰也不理他，死了，再來天才天才……」〔註41〕茶妹心裏想著，阿明還沒得獎前，只有郭老師說他是天才，現在因為得獎，大家才說他是天才，但又有什麼用？因為阿明永遠不能再畫畫。

　　魯冰花謝了，留下一粒粒種子，明年又會開出一片黃色花朵點綴人間；而在這一開一謝之間，使得茶園得到養份。然而，人世間的可貴天才之花謝了，到底會留下一點什麼呢？郭雲天迷惘了……〔註42〕

第三節　《魯冰花》的敘事結構

　　敘事結構〔註43〕（Narrative Structure）像是撐起高樓大廈的樑柱骨架，雖是隱含於建物中，但是它決定建築物的形狀與品質。讀者無法在空間裡看出小說結構的影響，而是得從時間得知——通常得經過很長的時間。〔註44〕因此，敘事結構被視作一種框架結構，在此基礎上，故事或敘事的順序和風格展現給讀者。小說家在描述文本的敘事結構時，會涉及結構元素，例如：一、介紹：故事中的角色及其環境是如何塑造；二、合聲：以旁觀者的語氣描述

〔註40〕鍾肇政：《魯冰花》，頁223。
〔註41〕同前註，頁224～225。
〔註42〕同前註，頁225～226。
〔註43〕古希臘哲學家亞里斯多德和柏拉圖最早提出敘事結構的概念，在二十世紀中晚期，再次引起關注。羅蘭·巴特（Roland Barthes）、弗拉迪米爾·普洛普（Vladimir Propp）、約瑟夫·坎貝爾（Joseph Campbell）和諾思洛普·弗萊（Northrop Frye）試圖論證人類敘事的普遍性，發現其中深層的基本元素。當後結構主義理論家米歇爾·福柯（Michel Foucault）、雅克·德里達（Jacques Derrida）等人宣稱這種深層結構在邏輯上根本不可能存在時，關於敘事結構的爭論再次浮出水面。見馬克·柯里（Mark Currie）著、寧一中譯：《後現代敘事理論》（北京：北京大學出版社，2003年），頁8。
〔註44〕大衛·洛吉（David Lodge）著、李維拉譯：《小說的五十堂課》（臺北：木馬文化事業股份有限公司，2006年），頁281。

事態或指示適當的情緒反應；三、尾聲：終止於敘事結尾並做終結註釋。

　　本節從敘事結構分析《魯冰花》的敘事背景、結構依據、敘事角度、敘事技巧及語言風格等。鍾肇政筆下的《魯冰花》是以順敘的方式、全知觀點〔註45〕，並以情節為重，訴說這塊土地戰後的原始面貌。

一、敘事背景

　　敘事背景可分為實物背景、時間背景及文化背景等，以下就《魯冰花》的敘事背景，分別說明如下：

（一）實物背景

1、地點

　　地點即故事發生的場景，人物活動的空間。空間元素之於小說，亦如時間的元素，它是不可或缺的。〔註46〕在書中，出現的地點有黃花盛開的魯冰花田與茶園、水城國校、古阿明的家、林裕記茶廠、黃花凋謝的魯冰花田與茶園。從以上地點背景分析，明顯得知《魯冰花》一書是以水城國校與古阿明的家為中心，並且緊密連結桃園縣龍潭鄉的地理環境、文化特色、宗教信仰與生活方式等。書中提到當地特有信仰及山脈——五谷爺誕辰、殺豬公、冬瓜山〔註47〕及齋明堂〔註48〕等民俗活動及地點等，證實皆為龍潭鄉的特色。

2、實景

　　實景描寫之於小說，一如佈景之於戲劇，衣著之於人類；戲劇沒有佈景不能演出，人類沒有衣著，無異是赤裸之人。實景描寫之於小說，有多種不同的功用，諸如顯示人物的心理、表現人物的情緒、製造故事氣氛、構成意

〔註45〕 全知觀點敘事者之意為：不是故事中任何一個角色，是一個不涉入故事中、獨立於故事外的敘事者。

〔註46〕 羅盤：《小說創作論》（臺北：東大圖書股份有限公司，1980年），頁27。

〔註47〕 桃園縣龍潭鄉有兩個地標，一個是冬瓜山（男人的象徵）、一個是乳姑山（女人的象徵），古石門溪原是往西流接鳳山溪，因為河床由西往北改道接淡水河形成大姑巒溪，經過龍潭鄉使龍潭鄉成為沖積扇，冬瓜山和乳姑山就成為一個分水嶺。

〔註48〕 齋明寺，興建於清道光三十年（1850），坐落於桃園縣大溪鎮光明里。1850年清道光年間，大溪農民李阿甲，法號性悅，自南海普陀山法雨寺出家受戒返臺後，於此地結草庵供奉南海請回之觀音菩薩，取名為福份宮。同治十二年（1873），當時住持黃普瑟與當地仕紳集資改建廟宇，並更名為齋明堂。

象及烘托暗場等等皆屬之。〔註49〕在書中，最主要的實景變換為魯冰花的花開花謝以及茶園的景緻。鍾肇政巧妙運用茶園間不起眼的魯冰花花謝暗喻著小天才的隕落，全文雖僅在開頭與結局提及，卻悄悄點出本書書名及主題，再輔以茶園栽種時所面臨的種種問題，間接引起時代下貧窮的悲劇。從以上實景背景分析，作者利用魯冰花的特性及作用，安排古阿明的悲劇結局，期盼引發讀者深刻省思。

3、實物

在書中最重要的實物就是古阿明的幾幅畫作。這與上述實景環環相扣且正因為古阿明的畫作近似馬蒂斯（Matisse）大膽的風格，而不被六○年代僵化的教育制度所接受，因而引發校園裡教師對美術教育觀點的爭論，間接影響到美術選拔的評選標準。當然，這其中尚牽扯到政治人物權勢的介入，讓原本單純的校園選拔事件，產生一連串的變數，甚至引發成人的情感糾葛。在此，古阿明的畫作可視為本書中的實物背景，其更串起本書高潮迭起的情節。

（二）時間背景

時間是在小說人物和故事情節二個重要元素之外，另一不可或缺的要素。要打破靜止、呆板，使作品顯得生動流暢、扣人心弦，情節就得有變化。時間就是情節變化的第一種形式，因為情節變化的第一個基本屬性就是時間，當人們考察變化時，首先看到的特徵就是時間的流逝；包括春夏秋冬、節氣更替、滄海桑田，人生無常等都是時間變化的描述。

1、時代

時代與人物之間有著密切的關係，作家很重視設置特殊的時代來正反映襯人物。成功的小說時空描寫，形成小說的時代特色與地域特點。書中提到「光復後，臺灣經濟狀況起了一百八十度的轉變。」〔註50〕這段描述明確點出《魯冰花》敘事的時代背景是光復後的臺灣，其通常會與以下所論述的文化背景有較高的關聯性。

2、時程

在《魯冰花》一書中，時程的變化極為短暫——約三個月。文末提到：「三個月前，這兒正是他作畫的地方，跟古阿明、古茶妹姊弟初識也是在這兒，

〔註49〕 羅盤：《小說創作論》，頁28。
〔註50〕 鍾肇政：《魯冰花》，頁31。

他有無限的感慨與悲傷。」〔註51〕從書中結語裡，我們可以確定鍾肇政以魯冰花〔註52〕的花期，作爲全書敘事情節的主要時程。

（三）文化背景

1、多元文化

臺灣由於地理位置的特殊性，由多種族群組成及不同時代背景而有多元面向的呈現，因此，以臺灣爲文化主體範疇逐漸確立，並兼容最早的南島文化、地緣關係的漢族文化、地理大發現後的葡萄牙、荷蘭、西班牙文化以及日本、歐美文化等特色。臺灣文化是揉合漢族、原住民、歐洲、日本、美國等所形成的文化總合，具有傳統與現代的面向。國民政府遷臺初期，大力推行「去日本化」，強力推行國語教育，以灌輸臺灣人對國家的認同和領袖的崇拜。戒嚴時期，政府以官方力量推動文化發展及中華文化復興運動，文化上呈現反共、堅持傳統、思想一元的特質。

2、臺灣文學的興起

二十世紀五〇、六〇年代的臺灣，因爲在國民政府統治下，1949年以前在中國大陸出版的文學、歷史、哲學等著作，或因作者身陷大陸、或因作者左傾，完全成爲禁書，因此，在臺灣無法廣泛閱讀各類書籍。當時的文學發展遭遇到如下的情境：

戰後三十年間臺灣的社會環境及藝文發展，1947年有二二八的武力鎮壓及白色恐怖，五〇年代初期國民政府對左翼份子進行肅清，至六〇年代反共戰鬥的文藝政策仍在延續之中。臺灣文學的創作爲許多政治禁忌所侷限，又爲政府文藝政策所主導，直至七〇年代中後期始漸鬆捆綁，允許不同觀點的發聲。此一時期嚴峻的政治氛圍與強勢推動的文藝政策，無疑對當時的作家起了限制作用。當時，在臺灣文學方面，著名反共文學作家有：王藍〔註53〕、

〔註51〕 鍾肇政：《魯冰花》，頁225。
〔註52〕 魯冰花是音譯 Lupin 而來，中文名稱爲黃花羽扇豆，原產於南歐地中海一帶，屬於豆科作物之魯冰屬（lupinus），本屬約有五百餘種。性喜濕潤，每年三月爲花盛開的季節。因魯冰花屬豆科植物，根部附有根瘤菌，能吸收利用空氣中的游離氮，所以栽植魯冰花，等於施氮肥。魯冰花從播種、生長、開花到收穫期，正好爲茶樹冬季休閒期，因此被認爲是最適合茶園冬季間做栽培的綠肥代作物。
〔註53〕 王藍（1922～2003），筆名果之，作家及藝術家，曾在原籍河北省阜城縣當選爲第一屆國民大會代表。小說《藍與黑》，描寫抗戰時期感人的烽火戀情，被譽爲四大抗戰小說之一。

姜貴〔註 54〕和司馬中原〔註 55〕。同時，西方現代文學也是當時臺灣文壇的重要力量，以白先勇〔註 56〕、王文興〔註 57〕爲其代表，而現代主義文學代表作則有《臺北人》、《家變》等。

　　由上述之論得知，《魯冰花》一書中所描述的社會環境背景，正值臺灣揉合多元文化、經濟起飛、教育水準逐漸提昇、文化建設推廣，以及臺灣文學興起的六○年代。

二、結構依據

　　綜觀中外古今的長篇小說，大都是採用故事體的結構。小說家撰寫小說，大體上先立一個主題，作全書的中心思想，也就是貫連這部小說的主幹，然

〔註 54〕 姜貴（1908～1980），原名王林度，又名王意堅，臺灣著名小說家。1928 年發表第一部小說《迷惘》。眞正有影響的小說寫於臺灣，1952 年完成諷刺小說《旋風》，爲反共文學代表作之一。《旋風》多次被退稿，1959 年由明華書局出版。1961 年出版長篇小說《重陽》。

〔註 55〕 司馬中原（1933～）本籍江蘇淮陰。1948 年即以十五歲年紀參與國共內戰，未受任何正統學校教育。後隨國民政府軍隊遷徙至臺灣的他，因自學後文筆卓越，擔任師旅新聞官等文職宣傳工作，與段彩華、朱西甯號稱「軍中三劍客」。1962 年以上尉軍銜退役，退役後專事寫作。除了爲 1950 年代反共文學的代表之一，其鄉野、懷舊、武俠、聊齋式鬼怪通俗小說均頗有特殊之處。主要作品有《狂風沙》、《荒原》、《失去監獄的囚犯》、《月光河》、《駝鈴》、《雲上的聲音》、《路客與刀客》、《大漠英雄傳》、《鄉野奇談》、《醫院鬼話》、《春遲》等。

〔註 56〕 白先勇（1937～），臺灣當代作家，致力推廣崑曲。生於中國廣西桂林，白先勇唯一的長篇小說《孽子》（1983）除骨肉親情外，書中對於臺北部份男同性戀社群的次文化，以及同性性交易等情節不避諱的描寫，格外引人注意。1971 年出版《臺北人》短篇小說集。

〔註 57〕 王文興（1939～）生於福建省福州，1946 年舉家遷臺，先住在屏東東港，兩年後遷居臺北，高中時期對文學產生興趣，同時開始寫小說。高中畢業後，考取臺灣大學外文系，1960 年和同班同學白先勇、歐陽子、陳若曦等創辦《現代文學》雜誌。早期《現代文學》編輯事務多半由他負責。臺大畢業後，前往美國愛奧華大學的作家工作室從事研究，獲得碩士學位。1965 年回國，在臺灣大學外文系擔任講師，教授小說課程也在中文系任教，直到 2005 年 1 月退休。在臺灣文學史上，《家變》是一本非常具有爭議性的長篇小說。其從 1966 年開始寫作《家變》1973 年出版，發表後造成軒然大波，這是因爲《家變》從內容到形式、情節、結構，語言文字，在當時的臺灣文壇都是創新罕見，甚至創新到被認爲是「離經叛道」的「異端」，爲了這部作品，臺灣文學界曾經開過多次座談會，發表過多篇文章來討論。

後依據這個主題去構想故事，去安排情節。〔註58〕《魯冰花》採用故事體的結構，以校園繪畫選拔的風波為故事主題，輔以古阿明因家境貧窮所引發的美術風波、教育問題、經濟困頓與醫療弱勢等，以及郭雲天的教育良知和感情生活貫穿整個故事情節。《魯冰花》在小說結構依據上，有以下三點內在依據：

（一）取材

其書中描述到：

> 魯冰花正盛開。一行行的茶樹和一行行的魯冰花，形成綠黃相間的整齊圖案。〔註59〕

> 今天是五谷爺生，鎮上在演戲，是鄉裏一年一次的大拜拜。〔註60〕

> 那時候我們到冬瓜山去寫生，還有齋明堂。〔註61〕

> 魯冰花謝了，留下一粒粒種籽，明年又會開出一片黃色花朵點綴人間；而在這一開一謝之間，使茶園得到肥份。然而，人世間的可貴的天才之花謝了，到底會留下一點什麼呢？他迷惘了⋯⋯。〔註62〕

書中重要背景為茶園和魯冰花，茶園是丘陵所栽種作物，魯冰花為茶園休耕時的綠肥，五谷爺誕辰乃為桃園縣龍潭鄉之民俗文化活動，冬瓜山、齋明堂為龍潭鄉的山脈及廟宇，加上鍾肇政為教育工作者，學校是其熟悉的工作環境。由此得知本書的取材內容，是以鍾肇政的成長及工作環境為主。

（二）因果聯繫

書中的故事、情節以水城國校選拔美術選手為糾紛的起因，因教師間意見不盡相同，進而引發選拔紛爭，其中，穿插郭雲天、林雪芬及翁秀子三人曖昧不明的情愫，然而在林雪芬的矜持及其父親強權的介入下，郭雲天被迫提前離開水城國校。最後，卻因天才小畫家古阿明的得獎與過世，引起短暫的重視與討論。簡言之，本書故事的結構單純簡單，呈現二元結構，主結構線是比賽代表選拔風波，副結構線是愛情糾葛，最後，兩條結構線合而為一。

〔註58〕方祖燊：《小說結構》（臺北：東大圖書公司，1995年），頁283。
〔註59〕鍾肇政：《魯冰花》，頁1。
〔註60〕同前註，頁159。
〔註61〕同前註，頁216。
〔註62〕同前註，頁225～226。

（三）性格軌跡

性格軌跡就是中國古典小說中的「用襯」〔註 63〕，指在性格對比中來刻畫典型性格。〔註 64〕文學家利用性格的衝突刻畫人物，使人物與人物間的對立性格發生尖銳衝突時，就加倍強烈地寫出兩個人的性格。《魯冰花》書中強烈的人物性格軌跡為：皮膚黝黑、活潑天真、充滿自信的古阿明與皮膚白皙、乖巧聽話、個性畏怯的林志鴻；擅於打扮、前衛敢言的翁秀子與矜持傳統、毫無主見的林雪芬；個性憨直的郭雲天與現實世故的學校老師；貧困潦倒的古石松與富裕有權的林長壽等人物性格的強烈對比。

三、敘事角度

小說敘事技巧，從敘事角度而言，通常大都藉由「主角」來敘述，有「第一人稱」和「第三人稱」兩種形式，這種通過小說中一個敘事者觀點（narrator is point of view）來敘述描寫的方法，又稱「一元描寫」、「一人稱小說」、「主觀小說」。〔註 65〕第一人稱敘述：「我」為敘述者；第三人稱敘述：敘事者或隱退於幕後，或者是故事中的「某某」。

從本書的敘事角度分析，其為第三人稱為主角的全知觀點，這種寫法最適合於人物眾多、情節複雜的長篇或是短篇，中篇頭緒紛繁、人物稍多，也可以採用這種觀點來寫。說明如下：

《魯冰花》以「他」的口吻，描述郭雲天在水城國校三個月的學校生活點滴，其間的種種情感、內心獨白、內心分析及感官印象等，很自然由他的全知觀點描述其微妙的心理變化、特殊思想等。

郭雲天因為休學養病，初到水城國校時，讓他難免有揮之不去的憂愁：

> 這時他停下手，掠一掠垂在額角的髮絲，吐出一口長氣，把挺著的背脊放鬆下來。他把調色板和畫筆放在地面，緩緩地起身，後退幾步，略微細瞇著眼睛看了一會畫。「……綠色的憂鬱……」他低語了一聲，嘴角露出一絲絲苦笑。〔註 66〕

郭雲天與林雪芬在第一次獨處時，他的內心產生巨大的衝擊：

〔註 63〕金聖嘆認為所謂「用襯」即為：在性格對比中來刻畫典型性格。
〔註 64〕葉朗：《中國小說美學》（臺北：里仁書局，1987 年），頁 168。
〔註 65〕方祖燊：《小說結構》，頁 314。
〔註 66〕鍾肇政：《魯冰花》，頁 2。

> 郭雲天眞不曉得怎麼回答。說是嗎？其實他一點也不快樂，不如說是覺得受罪一般；說不是嗎？翁秀子是對方的好友，未免太不夠禮貌。不過他也覺得這時的林雪芬很不同尋常。到底是在想些什麼，叫人捉摸不定。〔註67〕

> 郭雲天這回簡直給弄得啞口無言了。這到底是什麼話。但是，他畢竟還是覺察出對方很冷淡。那口吻，那哼笑，都給人一股冷冰冰的感覺。他眞有些不敢相信她也會有這樣的一面。〔註68〕

郭雲天在鼓勵林志鴻之後，心中產生極大的懊悔與反思：

> 郭雲天目送著，心中在思量：這豈不是謊言嗎？他明白有時謊言也有利用價值，但在這樁事情上面卻不可能有好的結果。目前雖然能讓林志鴻振作起來，然而當學校代表人選決定後，謊言就要揭穿。那時候他不是要更失望嗎？〔註69〕

> 郭雲天早已決定無論如何要讓古阿明參加。那並不是爲了誰，也不是爲了學校的榮譽這種廉價的理由。他只知道必須如此。也許那是發自他的藝術良心，發自熱愛藝術的良知。也許是出自教育良心，無偏無私的教育者襟懷。那麼將來對林志鴻該怎樣交待呢？話已說出，懊悔已來不及了。〔註70〕

這種敘述觀點以客觀態度刻畫出「他」的心理活動，讓讀者能客觀走進主角的內心世界。因爲，以「第三人稱」書寫，作者居於較爲超然的地位，有時可以轉移「敘述角」，從主角「他」的觀點來描述，也可以轉移到另一個人物的觀點來敘述。綜觀而言，「第三人稱」書寫較「第一人稱」更爲自由，不易侷限在一個「我」的框架下。

四、敘事技巧

　　《魯冰花》在其他敘事技巧方面，有以下幾項特色：

（一）對比

　　本小說運用人物性格、外型、家境等強烈的對比手法，呈現生與死、美

〔註67〕鍾肇政：《魯冰花》，頁172。
〔註68〕同前註。
〔註69〕同前註，頁106。
〔註70〕同前註。

與醜、柔與剛、貪和廉、老與少、富裕與貧窮、單純與勢利、生氣與喜悅、失望與希望等等。這些都是「歸類相屬」而「性質迥異」的「對比情勢」，它們或則相互沖剋，勢不兩立，或則壁壘分明，作強烈的對比，除了表現平凡人物的悲喜心境外，更可以突顯主題，增加張力。

　　書中郭雲天與古茶妹的所言所行，正是對於社會不合理的待遇，做出最大的批判。他們的「擇善固執」與他人的「世俗功利」形成強烈的對比。另外，鍾肇政在書中提到：

> 這地方在幾百年前被開墾以來就有句諺語流傳下來：「最苦泉水牯，最美三溪水」。這兒的牯是男子的通稱。如果把這句話詳細的解釋出來，便是：「最貧窮的，是泉水村的男子；最美的，是三溪水村的女子。」言外之意是說：有了女兒，別嫁給泉水村的人；要娶俏媳婦，最好到三溪水村去找。由這一點，也就不難猜想到泉水村的人們是怎樣窮苦；連帶還可明白它所擁有而又利用不到的泉水，是如何地豐裕了鄰村三溪水，甚至使人家成了馳名的美人窩。〔註71〕

鍾肇政巧妙安排這簡短的諺語，一語道盡貧窮與富裕的強烈對比。他塑造古石松悲劇性格——古石松說：「賺錢要命，沒有這種命，錢是賺不到手的。」〔註72〕古石松面對兩位孩子的死亡，只為了那愚蠢的宿命觀——「生死有命」。在他，什麼都是「命」，賺錢要命，貧富也是命，一切都是「命」。〔註73〕

　　當古茶妹痛失弟弟後，悲傷的抗議：

> 天才有什麼用？
>
> 沒有死的時候誰也不理他，死了，再來天才天才……〔註74〕

如此沉重的吶喊，是否可以亮如鐘響，震醒夢中人？鍾肇政透過人們對在世的古阿明所抱持的輕蔑眼光，與古阿明死後所給予的肯定態度，呈現強烈對比。由此可知，對比不但在我們現實生活中作無止境的搏鬥，在小說中更是糾纏不已，鍾肇政善用這些矛盾衝突，營造故事氣氛，讓《魯冰花》深深擄獲讀者的心，令人百讀不厭。

〔註71〕鍾肇政：《魯冰花》，頁25～26。
〔註72〕同前註，頁31。
〔註73〕同前註，頁214。
〔註74〕同前註，頁224～225。

（二）諷刺

在修辭上，諷刺就是說出與想表達的意思相反的話，或是讓別人從不同於表面意義的方向來解讀其中話語。諷刺不像其他修辭法，諷刺與字面意義的差別並不在於語言形式上的特殊變化，我們必須經過解讀，才能認出諷刺的陳述。〔註75〕在尾聲中，古茶妹與郭雲天的對話充滿諷刺的意味。

> 好了好了，阿明該滿意的……一個天才，不是嗎？唉唉，一個天才……〔註76〕

> 老師，天才有什麼用？人死了，不是都完了嗎？〔註77〕

> 人總是要死的，大家都明白了阿明是天才，得了一個教訓。這就夠了。〔註78〕

> 大家？老師，誰說阿明是天才？我只曉得老師說過這樣的話啊。〔註79〕

> 哪有什麼用？沒有死的時候誰也不理他，死了，再來天才天才……〔註80〕

讀者有特權知道雙方當事人不知道的事情，而我們越過作者的肩膀看到這一幕。這樣的諷刺手法讓我們無須做太多的推測與解讀，相對來說，我們被動地接受作者的俗世智慧，因為，鍾肇政精準的心理觀察贏得我們的尊敬。

（三）象徵

小說語言的象徵性，不外乎是運用譬喻、隱喻等法則，將作者無形的抽象意念，藉著有形的具象表現出來，這也就是所謂象徵性。〔註81〕本書故事情節的起始及結局，皆從魯冰花開始描述，魯冰花雖然只是一種平凡的小花，卻有一種不平凡的使命。

1、魯冰花——樂天知命與犧牲奉獻

書中沒有任何與魯冰花有直接關聯的情節，然而魯冰花卻是一個極為重

〔註75〕大衛·洛吉（David Lodge）著、李維拉譯：《小說的五十堂課》，頁234。
〔註76〕鍾肇政：《魯冰花》，頁224。
〔註77〕同前註。
〔註78〕同前註。
〔註79〕同前註。
〔註80〕同前註，頁225。
〔註81〕周伯乃：《現代小說論》（臺北：三民書局股份有限公司，1971年），頁22。

要的象徵。其一是剛剛綻放芳華即被無情掩埋的小黃花，象徵著被不公平的社會環境與教育體制扼殺的天才小畫家古阿明。魯冰花種於茶園裡，在惡劣環境下依然發芽、生長、開花，雖然僅短短兩至三個月的花期，但花葉凋謝後可作為綠肥，滋養茶樹，猶如古阿明生長在困頓環境中，卻能樂天知命、發揮創作才能，雖然因急性肺炎過世，卻也留下令人鼻酸的省思。

魯冰花另一種意義則是「燃燒自己，照亮別人。」——代表母親與書中為全家犧牲奉獻卻從不抱怨的古茶妹。魯冰花凋謝後成為茶樹最好的肥料，既具備刻苦耐勞的天性，又懷有犧牲奉獻的精神，它的存在不為展現花朵的美麗，它的價值在於成全茶樹叢的需要，它平凡而高貴的表現是值得歌頌，總令人有「春蠶到死絲方盡，蠟炬成灰淚始乾。」之感啊！另外，有此一說：客家人視魯冰花為「客家母親花」，每逢母親節常會從鄉間摘回幾束放在花瓶裡，這一點也正好符合書中客家女性刻苦耐勞的形象。

2、茶蟲——困頓經濟與恐懼陰影

在書中對「茶蟲世界」這幅畫作有下列的描述：

> 茶蟲有的在拼命地啃茶葉，有的在吃畫面上的一個人物手裏捧著的飯，有的在吃另一個人物的衣服。〔註82〕

從這段話中，我們可以體會到孩子的世界除了吃喝玩樂，就是想像。細心品味古阿明的畫體悟出茶蟲在他的心裡造成多大的恐懼與陰影，茶蟲吃掉飯、衣服、畫本，還狠狠啃蝕掉他心愛的蠟筆，頓時，人變得渺小無助。對古阿明而言，「茶樹」象徵「錢——經濟來源」，因為數以萬計的茶蟲，正一口一口啃蝕著他們家賴以維生的茶樹，使得家中經濟陷入困境，如果沒有茶蟲，他就可以安心上學，再也不必為抓茶蟲而影響受教權。另外，在書末幽幽提到：

> 魯冰花謝了，留下一粒粒種籽，明年又會開出一片黃色花朵點綴人間；而在這一開一謝之間，使茶園得到肥份。然而，人世間的可貴的天才之花謝了，到底會留下一點什麼呢？〔註83〕

這一段話，著實撼動讀者的心靈，總給人一種酸苦的感動，一股莫名的惆悵。淡淡的、幽幽的，卻是感人肺腑，有種「既美麗又哀愁」的感受。

〔註82〕鍾肇政：《魯冰花》，頁138。
〔註83〕同前註，頁225～226。

3、生命隕落——感慨遺憾與良知正義

《魯冰花》的結局是天才小畫家的殞落，象徵犧牲在現實利益下貧窮百姓的吶喊。花凋謝會再綻放，人去世卻不會再活過來，天才之花凋零後，留下深深的遺憾與無情的批判。鍾肇政這樣的感慨不單單是對天才隕落的不捨而已，而是希望透過古阿明不幸的故事，引發強烈的震撼與讀者心中不平之聲，並喚起人們心底的良知與公平正義，期望在古阿明之後沒有第二個殞落的天才。

（四）暗示

沒有一段敘述能徹頭徹尾地描寫整個事件，也就是說每部小說都有縫隙與沉默，讀者必須自行填滿以「產生文本」。有時候，小說中裂縫與沉默是作者無意識迴避與抑制的結果，而在另一例子裡則成為有意識、刻意的手段，小說家要暗示而非明說。〔註84〕

在書中的〈楔子〉明白寫到：

> 雲看上去很高，一塊塊的；有些地方很厚，有些地方很薄。好像是看過人家畫畫的小頑童，學著把顏料擠在一塊木板上塗抹而成的「糊圖案」。〔註85〕

以上〈楔子〉的引言似乎暗示著人間的故事是沒有道理可言。有的厚、有的薄、有的地方富、有的地方窮，都是一堆糊圖案。又有一段描述：

> 山下那一望無際的稻田，禾苗正在起著微波；山上是一排排正在猛抽新芽的茶樹，在歸途上的斑鳩，時時發出慵倦的啼鳴。不論山上山下，都是一片翠綠，生意盎然。然而兩者在其含義上卻有貧富的差別。〔註86〕

另外，書中對古阿明母親的角色雖輕描淡寫，但透過簡短的描述，將媽媽美麗勤勞和慈母形象，以暗示的手法感性的呈現。然而母愛的力量不正於此嗎？一位偉大的母親，無時無刻給孩子愛與關懷，更給予影響孩子一生做人的力量，在書中鍾肇政對母親形象的著墨極為少，因為媽媽就在孩子的心中，藉此暗示手法影響讀者，留存在每個人心中。

〔註84〕大衛·洛吉（David Lodge）著、李維拉譯：《小說的五十堂課》，頁248。
〔註85〕鍾肇政：《魯冰花》，頁1。
〔註86〕同前註，頁26。

綜觀上述，研究者認為：鍾肇政暗示手法的運用，讓讀者在不經意間扮演起作者的角色，充滿無限想像的空間，能恣意填補作者刻意留下的空白，亦能參與文本的情節安排，加上其對比、諷刺，以及象徵等敘事技巧的運用，讓此作品更富文學性與價值性。

五、語言風格

現代小說的語言，是一種藝術的語言，是審美的語言，它是曖昧的、象徵的，一種心靈的感受性較敏銳的文學的凝結。〔註87〕所以說，小說的語言，在讀者頭腦中引起的表現聯想，應該符合所描繪的對象的形象特徵〔註88〕，因為，它傳達給讀者的是文字以外更豐富的聯想，不是單從文字本身所呈現的意義。

閱讀《魯冰花》一書中，我們瞭解到國語是主要語言，其尚揉雜其他語言，例：客家語及閩南語的使用，除了清楚傳達人物的思緒，更能生動表達地域、時代的色彩，增加人物塑造的真實感，使得小說的氛圍、人物的神韻躍然紙上。書中提到的客家語有「發見」〔註89〕（發現）、「起始」〔註90〕（開始）、「點」〔註91〕（選上）、「生就」〔註92〕（天生）、「肩頭」〔註93〕（肩膀）、「額角」〔註94〕（額頭）、「火灰」〔註95〕（灰燼）、「好在」〔註96〕（幸好）、「婆婆」〔註97〕（奶奶）、「禾埕」〔註98〕（曬穀場）、「面部」〔註99〕（臉部）、「生疏」（陌生）〔註100〕及「天狗吃月」〔註101〕等。

〔註87〕周伯乃：《現代小說論》，頁16。
〔註88〕葉朗：《中國小說美學》，頁134。
〔註89〕鍾肇政：《魯冰花》，頁18。
〔註90〕同前註，頁21。
〔註91〕同前註，頁28。
〔註92〕同前註，頁31。
〔註93〕同前註，頁33。
〔註94〕同前註，頁34。
〔註95〕同前註，頁51。
〔註96〕同前註，頁34。
〔註97〕同前註，頁11。
〔註98〕同前註，頁223。
〔註99〕同前註，頁38。
〔註100〕同前註，頁22。
〔註101〕同前註，頁48。

　　鍾肇政欲建立臺灣文學語言的議題，在《文友通訊》〔註102〕時期被否決，發表〈過定〉後又受到嚴重的批評，但他並未放棄嘗試在作品中摻入客家語的企圖，從《魯冰花》書中客家語的使用，便可感受到他的努力。這或許與其出身、個人感遇及成長環境有著直接的關聯。

　　歸結上述之論及分析，《魯冰花》從一位天真愛畫畫的孩子——古阿明，眼中平和純淨的世界出發，在那核心之外，旁涉六〇年代社會的貧富差距、校園的權力競逐、教育理念，還有郭雲天與林雪芬若有似無的愛情糾葛等問題，卻又顯現世界複雜混濁的醜態。《魯冰花》雖然有濃厚的鄉土氣息，但它卻不是一本純然的鄉土文學〔註103〕，它沒有巨型的人物，也沒有宏偉的場面，它以臺灣的鄉村做背景，在這個小小的舞臺上出現幾個極為平凡的小人物。這些人物經過鍾肇政精心刻畫過，就連書中微不足道的角色，鍾肇政也一一賦於他們生命。

　　《魯冰花》可說是一本毫無脂粉氣的教育小說〔註104〕，鍾肇政企圖利用文學作品傳達他的教育理念及端正社會風氣的使命，試圖提出新的美術教學法，期盼社會大眾正視社會與教育等問題。由此可知，鍾肇政確實掌握六〇年代社會及教育的脈動，創造一齣平凡人物的悲劇，著實引動讀者的情感與反思。研究者將在下一章節中，將《魯冰花》的人物刻畫、意象書寫與悲劇意識作一分析與探討。

〔註102〕1957 年 4 月鍾肇政創辦《文友通訊》，參加之文友有廖清秀、鍾理和、施翠峰、李榮春、陳火泉和許炳成七人，至 1958 年 5 月止。

〔註103〕鄭清文：《臺灣文學的基點》（高雄：派色文化出版社，1992 年），頁 100。

〔註104〕同前註，頁 101。

第四章 《魯冰花》人物刻畫與悲劇意識

第一節 《魯冰花》的人物刻畫

　　小說最重要的構成要素就是角色。〔註1〕無論傳統小說作家，或者現代小說作家，都公認「人物」是小說的中心與主體。更有人視為重要的骨幹，認為一部小說失去「人物」就無從架構。〔註2〕角色形象間的複雜「聯鎖反應」，不但擴大作品反映的生活面，增強矛盾糾葛的現實性與真實性，而且賦予這些登場角色的個性衝突與新的意義。一位小說家創造的人物若成功的話，常常能夠讓讀者留下鮮明的形象，能夠成為真實人物的一種典型。〔註3〕因此，在佈局小說人物時，必須重視他的職業性、階級性、民族性、地方性以及他的屬性，這樣才能與小說情節、結構配合發展，而引起讀者的興趣；也唯有如此才能創造印象鮮明的人物，亦即無論經過多少年代，他的特性依舊存在於讀者的記憶裡。如鍾肇政在《魯冰花》中所塑造的古阿明、郭雲天、古石松與林長壽等，這些人物都是鍾肇政賦予其生命與意義，所以，他們能在讀者的心目中歷久不衰。以下依「人物命名」、「人物形象」、「內心世界」、「角色關係」四方面探討：

一、人物命名

　　小說裡的姓名從來就不是中立的，姓名總是意有所指，有時僅是單純意

〔註1〕 大衛・洛吉（David Lodge）著、李維拉譯：《小說的五十堂課》（臺北：木馬文化事業股份有限公司），頁281。
〔註2〕 周伯乃：《現代小說論》（臺北：三民書局股份有限公司，1971年），頁57。
〔註3〕 方祖燊：《小說結構》（臺北：東大圖書公司，1995年），頁278。

味角色普通而平凡,命名向來是創作角色的重要步驟,必須反覆思量才得。〔註4〕在人物的命名上用心,可增加作品中人物姓名的美感,而且可使讀者從中領悟其命名的含意,使得看見人物的名字就能大概瞭解他的身份、性格、命運、際遇和結局。〔註5〕因此,人物姓名的擬定與選取,則有以下因子:

(一)命名意象

《魯冰花》中的主角──郭雲天,讓人有意象的聯想。書中有關「雲」的描述如下:

> 雲看上去很高,一塊塊的;有些地方很厚,有些地方很薄。好像是看過人家畫畫的小頑童,學著把顏料擠在一塊木板上塗抹而成的「糊圖案」。〔註6〕

> 他忽然覺得有一朵黑壓壓的雲,正在冉冉上升,擴大,移向他的頭上……〔註7〕

> 她覺得郭雲天這樣一去,以後就不再有聚首的機會。好像他是朵來去無蹤的天上的雲,一縱即逝,永不再回。〔註8〕

在文末有關「天」的描述,似乎欲藉此將郭雲天與阿古明的命運緊緊相扣,其敘述如下:

> 然而,人世間的可貴的天才之花謝了,到底會留下一點什麼呢?他迷惘了。〔註9〕

鍾肇政不著痕跡將郭雲天的名字隱藏在小說情節的前、中、後段,其中的「雲」象徵郭雲天最後的不告而別,如同飄逸之雲不留痕跡;「天」象徵古阿明這位繪畫天才的隕落,象徵天之不可測與不可知,其手法之巧妙,猶如一幅栩栩如生的畫作。雲起雲散及天才隕落,似乎正隱喻著這是一場悲劇的結局。

〔註4〕 大衛・洛吉(David Lodge)著、李維拉譯:《小說的五十堂課》,頁56。
〔註5〕 陳碧月:《小說創作的方法與技巧》(臺北:秀威資訊科技股份有限公司,2002年),頁40。
〔註6〕 鍾肇政:《魯冰花》(臺北:遠景事業出版公司,1979年),頁1。
〔註7〕 同前註,頁91。
〔註8〕 同前註,頁196。
〔註9〕 同前註,頁226。

（二）象徵性格

　　《魯冰花》中的貧窮父親——古石松。在素樸價值觀之下的古石松，人如其名而堅信不移，脾氣固執古怪，猶如頑石般。文中提到：

> 古石松的確是條硬漢，氣質硬而烈，一意孤行。〔註10〕

> 他深信不走不直的路，不幹不法的勾當，一定可以得到好的報應。
> 〔註11〕

另外，書中的古茶妹則象徵客家女孩子勤儉刻苦、犧牲奉獻，以及堅強善良的個性，書中描述：

> 茶妹向來就是個很勤快的小姑娘。鄰近的人們都說她是個好女孩，
> 將來一定是好姑娘，好女人。許多人認為她工作起來，已經不比一
> 個大姑娘遜色。〔註12〕

從生活入手是鍾肇政小說膾炙人口的原因，因為他筆下所塑造的女性角色，都深具客家女性勤懇、付出、溫柔的特質。如古茶妹角色的安排，讓讀者油然而生一種親近的情愫。「妹」常是客家女性的名字，鍾肇政的妻子名為「張九妹」，而她的包容與支援，也很自然的走進鍾肇政小說人物的性格裡。

（三）呈現貧富

　　林長壽、林雪芬、林志鴻與古石松、古茶妹、古阿明這兩家人名字的對比性，更突顯六〇年代的貧富差距及教育程度。當時，家境富裕或受過教育者，皆希冀富者更富，後代子孫能夠志向遠大以光耀門楣；家境清寒或無受教育者，小小的心願則是三餐求個溫飽，能夠自給自足啊！至於孩子的名字總是以所謂的「菜市仔名」命之。鍾肇政為貧富兩個家庭的人物命名，正吻合當時的社會環境及時代背景，更刻意安排泉水村（窮村）與三溪村（富村），象徵貧富之別。

（四）反映時代

　　翁秀子的名字似乎可推斷其父親曾接受過日本教育，也是當地的仕紳。從文中描述可得知：

〔註10〕鍾肇政：《魯冰花》，頁30。
〔註11〕同前註，頁31。
〔註12〕同前註，頁129。

> 這一天大拜拜，輪到街路水城村殺豬公；翁秀子家的大豬重九百五
> 十多公斤，得了特獎，大宴賓客。〔註13〕

又說：

> 翁秀子很不錯呢。人挺漂亮的。人家都說她的嫁妝很多很多，單單
> 衣服就有十幾箱。私房錢也有幾萬塊，不得了啊。〔註14〕

研究者發現，翁秀子的名字能夠反映日治時期，父母對女子命名的特色及皇
民化對臺灣人的影響。據《皇室典範》〔註15〕規定，日本皇室成員除天皇、
皇后外，還包括皇子、皇弟以及妃子和子女，而皇室成員都有名無姓。日本
在 1868 年明治維新以前，一般平民不准有姓，只有貴族統治者以被封賜的家
號、稱號、官職、爵位等爲姓。天皇歷來被尊爲「神」，所以天皇以及皇族也
都沒有姓；明治維新以後，日本政府實施戶籍法，爲了登記戶口、編造戶籍，
才准許平民有姓。但是作爲「神」的天皇以及皇族另有《皇室典範》，不在戶
籍法的管轄範圍，所以至今依然無姓。皇室成員的名字有一個特點，即男性
帶「仁」字，女性帶「子」〔註16〕字。

　　又有一說：日本平安時代（794～1192 年）盛行陰陽五行，謂女性是「陰」，
「陰」又是「穴」，是四次元的冥府，創造萬物的根源世界。這個「陰」的方
位是「子」，以時間觀念來講，「子」是一天的結束，也是一天的開始。所有
嶄新的事物，都是從這個四次元世界創造出來的，而「子」的中心存在，正
是女子。「子」的日文發音爲「ko」，後來更引申爲「孩子」，表示父母對孩子
的期待與照顧。

　　歸結上述，從《魯冰花》人物的命名，筆者發現鍾肇政在人物命名上不
但呈現客家文化，尚揉合日治時期的社會環境，且反映出客家傳統角色形象
與勞動責任，富有刻苦儉樸的情操與美德，以及彰顯鍾肇政欲以家鄉人物命
名的獨具匠心，足以反映當時的文化、教育及時代背景，企圖於文學作品中
傳遞「客家文學」的火炬。

〔註13〕鍾肇政：《魯冰花》，頁 169。
〔註14〕同前註，頁 172。
〔註15〕規範日本皇室貴族相關事宜，共分爲六章。
〔註16〕在日本古代皇室貴族中，規定女性要在名字中帶「子」字。明治維新以後，
　　　　因戶籍登記問題，一般平民百姓才被准許有姓。到了此時，女性的名字加上
　　　　「子」字始在民間流行。昭和時代以後，過半數的女子都已是「某某『子』」。

二、人物形象

　　小說家對於人物外形的描述是小說結構中重要的組成元素之一，可以使讀者「如見其人」，對小說中人物留下深刻的印象。小說家等於人物畫的畫家，他是以心靈爲畫筆、以布局爲構圖、以文字爲顏料，將人物的形象與情思描繪出來。〔註17〕人物形象描寫若是對人物外形加以描繪，包括服裝、神態、表情、長相、身材或姿態等，稱之爲「外型描寫」〔註18〕，而出色的行動描寫既能刻畫出人物在一定情境下的動態，又能暗示人物內在的感情和動機，並且可以染上人物性格的色彩。〔註19〕我們知道由多角度來看人物，能豐富人物形象，使之更具立體感，所以，小說家會在情節中，透過其他人物的眼來看主要人物，或對人物的過去做補充介紹，則稱爲「人物介紹法」〔註20〕。因爲，透過周圍相關人物的介紹與評價，比敘述人直說更具情境性與說服力。因此，本段從「外型描寫」及「行動描寫」兩方面分析書中人物形象，並在「行動描寫」中探討「表情刻畫」、「動作刻畫」及「語言刻畫」等三方面。

（一）外型描寫

　　在書中對於郭雲天的神態有如下的視覺摹寫：

　　　　他停下手，掠一掠垂在額角的髮絲，吐出一口長氣，把挺著的背脊
　　　　放鬆下來。〔註21〕

對於古阿明的表情有如下敘述：

　　　　阿明終於閉住嘴了，而且還像個小大人似地吐了一口長氣。〔註22〕

書中其他人物外型的描寫，鍾肇政總能抓住人物性格的特質，將其栩栩如生、活靈活現呈現在讀者眼前。例如：

　　　　校長是位又瘦又小的老人家，頭髮斑白，嘴邊經常有**疎疎落落**的鬍
　　　　碴；說話時總要習慣地摸摸鼻下的鬍子。〔註23〕

〔註17〕方祖燊：《小說結構》，頁278。
〔註18〕劉世劍：《小說概說》（高雄：麗文文化事業股份有限公司，1994年），頁97。
〔註19〕同前註。
〔註20〕同前註，頁94。
〔註21〕鍾肇政：《魯冰花》，頁2。
〔註22〕同前註，頁13。
〔註23〕同前註，頁15。

那苗條的身影，披在頸後的微微鬈曲的秀髮，若隱若現的幾處曲線。
〔註24〕

這小朋友和黑臉天真調皮的古阿明剛好成了個對比；蒼白、孱弱，一看就知道是聰明但不很活潑的小朋友。〔註25〕

翁秀子身段很豐滿，衣著也較為華美，面部經過細心的化妝。〔註26〕

就是那個矮冬瓜。別看他人小，脾氣可大得不得了。〔註27〕

一高一矮，一瘦一胖，正好成了對比。不過頭髮梳得油亮整齊這點倒是一模一樣。〔註28〕

李金杉顯出一派精細幹練，處事老到而又十分尊重校長的意態。
〔註29〕

林志鴻在家是倔強、固執、易怒，儼然一個小暴君。不過一旦到了外面，可又顯得十分膽怯、軟弱。〔註30〕

從上段文字中，鍾肇政掌握書中人物的外型特徵，以適當的「摹狀詞」來形容。這些外型的描摹，文字自然而生動，也就能讓讀者留下深刻的印象。

（二）行動描寫

小說人物的一切行動，是製造故事情節發展的主要條件。

1、表情刻畫

所謂「表情」係指人「用容貌和身體的動作表示感情」。〔註31〕以下就「人與人的表情刻畫」、「人與動物的表情刻畫」分別敘述。

（1）人與人的表情刻畫

在書中郭雲天對於翁秀子、林雪芬有生動的表情刻畫。

兩個女的走了，留下郭雲天一個人整理那些畫。兩個女教師的影子在他的腦子裏交互映現。一個是素淨，一個是濃艷。是啊，素淨與

〔註24〕 鍾肇政：《魯冰花》，頁23。
〔註25〕 同前註，頁24。
〔註26〕 同前註，頁38。
〔註27〕 同前註，頁45。
〔註28〕 同前註，頁87。
〔註29〕 同前註，頁90。
〔註30〕 同前註，頁93。
〔註31〕 陳碧月：《小說創作的方法與技巧》，頁55。

濃艷，正可代表這兩個女人，不論從面貌、身材、衣著、性格、談吐，一切的一切，都恰恰成了鮮明的對比。郭雲天覺得翁秀子很有一點都市青年女人的味兒；時時不忘賣弄一點媚眼，而且深懂得誇大而炫耀自身的美。但是，也就因為如此，所以儘管他也不能否認那雙充滿吸引力的紅唇，洋溢成熟氣息的豐滿胴體，都十分媚人，卻也毫不覺稀罕。這種美，在大小城市的街道上都氾濫著。〔註32〕

反之，另一個卻是不能夠在旁的地方看到的——至少他如此感受，並且也如此深信。那自然的淡紅而潤澤的唇瓣，很少的話，還有在那眉宇間若隱若現的一股悒鬱的神色。〔註33〕

（2）人與動物的表情刻畫

古阿明對小貓咪有著深厚的情感，可從下列的敘述看出端倪：

阿明已把他的收割圖忘得一乾二淨，一心想找到他的小貓。於是他又跑到外頭，先沿屋後的竹叢走了個來回，然後走出柵門來到茶園。〔註34〕

阿明在茶園邊的一排相思樹下連走帶跑地走去。茶園裏很靜，他拖著聲尾的叫喊聲在一行行茶樹上盪漾著。起先，那聲音是焦躁的，有力的；漸漸地就變得惶恐而乏力了。驀地裏，阿明在一棵茶叢下看到他的小貓。〔註35〕

雨開始下了，一滴，稍停又一滴，打在阿明臉上，茶葉也疏疏落落地響出雨聲。可是阿明一點兒也不覺得。在此刻的他，茶樹沒有了，雨點也沒有了，連天和地都失去了存在。在他的意識裏，就只有他的小貓，已吃下了可怕的毒藥。〔註36〕

雨變得很大。原先那卜卜拍拍的聲音已換上了一片嘩啦嘩啦聲。在薄幕般暗下來的天地間，時時閃出電光，雷聲一陣接一陣地響著。可是阿明還是管不了這些，佔據他整個意識的，只有小貓而已。〔註37〕

〔註32〕鍾肇政：《魯冰花》，頁46。
〔註33〕同前註。
〔註34〕同前註，頁206。
〔註35〕同前註，頁207。
〔註36〕同前註，頁208。
〔註37〕同前註，頁209。

從上述的文字描述，能讓讀者想像翁秀子、林雪芬的相貌和個性，亦能體悟出郭雲天對兩位女性的評價及古阿明對小貓咪的寵愛。小說人物的表情是其行動與語言開端的表現，鍾肇政精闢的表情描寫，無疑已帶給讀者一種實體的感覺。

2、動作刻畫

人物的動作是性格的表現，其一舉一動不但顯示出獨特的性格，而且也呈現出在社會所處的地位與在特定場合下的心理狀態。〔註38〕書中對於郭雲天初到水城國校即有以下細緻的表情摹寫：

> 他把調色板和畫筆放在地面，緩緩地起身，後退幾步，略微細瞇著眼睛看了一會畫。「……綠色的憂鬱……」他低語了一聲，嘴角露出一絲絲苦笑。〔註39〕

> 他目送他們回去。那個男孩小心翼翼地捧著畫，看那樣子，彷彿手裏的東西是什麼無價之寶，一不小心掉下去就會碎裂一般。〔註40〕

> 他提著畫具箱，踏著自己的長長的影子，一面走一面想著就要開始的新生活。〔註41〕

另外，對於古阿明專注於繪畫，也有深刻描繪：

> 弟弟也真夠聰明，那以後看到了紙張之類──如買東西回來時的包裝紙、紙袋等，或者在馬路上揀到的爛紙，他都要細心存下來，弄平，收藏，有了蠟筆就畫。〔註42〕

> 他老要把蠟筆用力地塗，滿張圖紙都要塗上厚厚一層。而且顏色的配合更怪，有時把樹木塗上大紅色，有時水牛變成一條大綠牛。〔註43〕

> 她稍斜一斜頭，注意一下前面的弟弟。阿明今天可是換了個人了。臉兒仰得高高，嘴巴微開，睜大的眼睛死盯住老師。一向以為他是不能好好兒聽講的，一定是錯了。她想。〔註44〕

〔註38〕陳碧月：《小說作的方法與技巧》，頁59。
〔註39〕鍾肇政：《魯冰花》，頁2。
〔註40〕同前註，頁5。
〔註41〕同前註，頁6。
〔註42〕同前註，頁10。
〔註43〕同前註，頁10～11。
〔註44〕同前註，頁16。

> 這回，郭老師再也沒有移步了。他雙手交插在兩腋下，靜靜地注視
> 著古阿明的畫。古阿明不曉得是不是沒有覺察到老師在看他畫畫，
> 畫得很起勁。〔註45〕

由上可知，動作與人物描寫的關係相當密切，動作描寫的成功，決定一個人物創作的成敗。鍾肇政書中人物對於讀者而言，總是歷歷在目，恰可說明《魯冰花》書中人物的刻畫是成功且深植於讀者心中。

3、語言刻畫

語言的運用即可表示一個人的心理狀態與性格，生動精準、具體鮮明的人物語言，是刻畫小說人物的成功要件之一，所以說文學是語言藝術。〔註46〕在本書中，鍾肇政善用人物間的對話呈現彼此的情感糾葛、諷刺語言等。

翁秀子試探郭雲天對林雪芬的感情，有以下諷刺性的言論：

> 秀子本來還不想走，目送著雪芬遠去後便回頭看了眼雲天呶了呶嘴
> 說：「她是頭號有力人士的千金呢。」
>
> 「她的爸爸嗎？」
>
> 「你不曉得？真是鄉巴佬。她的爸爸林長壽是縣議員，有錢人，茶
> 廠大老板，在鄉裏也是數一數二的要人。」
>
> 「這個我當然曉得。」
>
> 「就是嘛，有了這些頭銜，還不夠頭號有力人士的資格嗎？何況他
> 對教育還滿熱心哪。所以嘛，你也該巴結巴結林雪芬，不是嗎？」
>
> 「笑話，我幹嗎要巴結人？」
>
> 「你以為我不知道？你很喜歡她。」〔註47〕

鍾肇政以對話的方式呈現翁秀子與郭雲天的爭辯，淋漓盡致突顯出水城國校教師個性的差異與衝突：

> 秀子瞟了一眼雪芬說：「什麼經驗不經驗，那些飯桶懂得個屁。其實
> 還不是徐大木那個矮冬瓜搞的鬼啊。沒錯的！」
>
> 「訓導課長嗎？他怎麼樣？」
>
> 「一定是他向校長告的，你不曉得，自從你上美術課以後，他就放

〔註45〕鍾肇政：《魯冰花》，頁18。
〔註46〕陳碧月：《小說創作的方法與技巧》，頁67。
〔註47〕鍾肇政：《魯冰花》，頁85。

> 冷箭，背地裏跟同事們說你只不過是有塊招牌，其實沒什麼了不得。
> 他誇口說姓郭的未必比他畫得好。」
>
> 「他就是這麼個人。死愛出風頭。」〔註48〕

從上述精彩人物語言刻畫中，我們不難發現鍾肇政利用人物多樣化的語言，表現典型性格的特性，在不同的環境、場合和情境下，刻畫人物性格的多面性，呈現出人物豐富而複雜的性格，此種心理狀態是活生生的，是劇烈的衝突和情境。筆者認為《魯冰花》無論從畫面背景呈現的美感，或是故事情節觸動心靈的述說，到對人物人性的刻畫，以及表達生活中的無奈皆頗具深度。

三、內心世界

鍾肇政在《魯冰花》一書中，運用人物內心世界的獨白、分析、情緒表徵等敘述手法，將人物欲表達的情緒及想法一一呈現在讀者眼前，營造讀者感同身受的情境。他曾說：

> 戲劇的表演先天上有一種缺陷，它最大的缺陷，或者有所不足，或者沒有辦法達到的境界，就是人物的內心世界。人物的內心世界，戲劇表達起來非常困難，不是完全不可能，有種種方式可以達到，不過，往往都是間接的，不像寫小說，我愛怎麼寫就怎麼寫，我說這個人內心現在怎麼樣流動，他的思考、他的意識怎麼樣流動變化，小說作品能夠寫得絲絲入扣。〔註49〕

由此可知，在小說創作方面，鍾肇政強調小說中人物的內心流動、思考及意識的變化等特色能呈現人物的內心世界，因為小說作品對此能夠表露淋漓盡致。以下就內心獨白、內心分析及感官印象等三種敘事手法，分析《魯冰花》書中人物的內心世界。

（一）內心獨白〔註50〕

「內心獨白」（Interior Monologue）是人物自言自語的方式，在傳統的寫法中，內心獨白只用來表現人物在特定心境中的思想、情緒和感覺等，

〔註48〕鍾肇政：《魯冰花》，頁83〜84。
〔註49〕鍾肇政著、莊紫蓉編：《臺灣文學十講》（臺北：前衛出版社，2000年），頁170〜171。
〔註50〕陳碧月：《小說創作的方法與技巧》，頁81。

而且只是片段地使用，僅僅是心理描寫中的一種技巧。在意識流〔註 51〕小說中，內心獨白不但可以再現內心世界的任何一個領域，而且還可以像反光鏡一樣地折射出外部世界，即人物的行動、肖像、語言等外象以及環境等，這成了最主要的寫作手法，它可以用來完成一個單元，也可以用來完成整部書。〔註 52〕

　　現代作家寫心理、寫意識沒有不用獨白這種用法的。〔註 53〕內心獨白是描寫人物心理的一種比較獨特的方式，它往往能顯示人物最強烈的思緒或最隱密的心情。〔註 54〕在《魯冰花》中，凡是鍾肇政欲傳達主角的社會體悟與核心價值，無一不是藉由「事件」讓人物「獨白」，明確的將概念傳達給讀者，像是對人事物的看法、對人際關係的體認及感情的心情變化等。以下列舉書中「人物對人事物的看法」、「對人際關係的體認」及「感情的心情變化」。

1、對人事物的看法

> 郭雲天對這張畫並不滿意。它，正是典型傳統作風的畫；沒有個性，沒有創意，沒有自我主張，也沒有一絲一毫兒童們所應該有的幻想成份。只有「像」而已，而且還太像了些。〔註 55〕

> 一年半，唉，真受夠了。總算沒有敗給病魔，但這一連串的日子，豈不是等於白費了嗎？人生到底有幾個一年半啊。明天，可以說是我的人生的再出發，雖然工作只不過是臨時的，然而做為一個起點，倒是的確蠻有意義。因為那兒有天真、快樂、和平、安祥……〔註 56〕

> 其實說晚回，也不過遲半個鐘頭或一個鐘頭不到。孩子們既然喜歡，

〔註 51〕廖瑞銘主編：《大不列顛百科全書》第十七冊（臺北：丹青圖書有限公司，1987年），頁 101。解釋「意識流」（stream of consciousness）為：「非戲劇性小說的一種敘事技巧，它產生無數連續不斷的印象，有視覺的、聽覺的、觸覺的和下意識的。這些印象影響個人的意識，並與其合理的思想傾向一起形成他的認識的一部分。意識流這個術語首先在美國心理學家詹姆斯的《心理學原理》（1890）一書中使用。當二十世紀時心理小說發展起來以後，有些作家試圖去捕捉其作品人物意識的全部流動過程，而不侷限於單純描寫其合理思想，意識流小說通常使用內心獨白的敘述技巧。」
〔註 52〕金建人：《小說結構美學》（臺北：木鐸出版社，1988 年），頁 123。
〔註 53〕方祖燊：《小說結構》，頁 437。
〔註 54〕傅騰霄：《小說技巧》（臺北：洪葉文化事業有限公司，1996 年），頁 99。
〔註 55〕鍾肇政：《魯冰花》，頁 43。
〔註 56〕同前註，頁 6。

為什麼不讓他們去呢？我也許太嚴了些，他們母親忙是事實，但是啊，十二三歲的女孩到底能幫些什麼呢？最多也不過餵餵豬和雞鴨，掃掃地，此外就是替小弟阿生洗洗澡了。也許，我是太嚴、太無情了⋯⋯〔註57〕

2、對人際關係的體認

這就是社會，就是任何一個圈子裏都不可避免的明爭暗鬥。〔註58〕

常言不是說禮多人不怪嗎？目前我也是社會上的一份子，同學間的那一套不拘形跡的作法是不行的。〔註59〕

3、感情的心情變化

於是他不得不想：真糟，才認識兩天的人，我怎麼就這樣的關心她呢？這豈不是太無聊了嗎？〔註60〕

他著實吃了一驚，怎麼想到她，她就來了呢！難道這就是心靈感應嗎？他知道這想法太荒唐，但仍禁不住喜悅湧上心頭。〔註61〕

小說透過人物的命運牽動讀者的內心，以情引人、以情動人。讀者是有感情的，所以寫人就必須要寫感情，而要寫出人物內心深處幽微的感情，就必須大膽地寫進人物的內心世界，感情真摯自然，才能表達出感情的豐富與多樣及引發讀者共鳴。

（二）內心分析〔註62〕

「內心分析」是通過作者的敘述來表達人物的意識活動。在傳統的心理描寫中，作者意識介入人物內心的成分總比較多，而在意識流小說中，則力圖排除作者意識的介入。〔註63〕「內心分析」不同於「內心獨白」之處，就在於前者是「作者的敘述興趣已完全集中到人物的內心世界去了」，而後者卻是「讓讀者直接置身於人物的頭腦裡」。〔註64〕小說作家描寫人物的心理與意

〔註57〕鍾肇政：《魯冰花》，頁30。
〔註58〕同前註，頁119。
〔註59〕同前註，頁154。
〔註60〕同前註，頁38。
〔註61〕同前註，頁38。
〔註62〕陳碧月：《小說創作的方法與技巧》，頁101。
〔註63〕同前註。
〔註64〕金建人：《小說結構美學》，頁124～125。

識是比較困難的，因為人物心理的活動與變化是非常迅速、難以捉摸的，小說家要靠平日觀察人，研究他們的表情、神態、言語、行動，與他們激動情緒的變化，特殊事件的聯繫，境遇的關係，把握心靈的情形，探討精神生活的奧秘，透視人們的言語與行為所代表的心態，巧妙而深刻的表現出來。〔註65〕在分析人物的心理方面，方祖燊將其分成六類：

　　1、描寫人物的性格的輪廓。

　　2、描寫境遇與感情的關係。

　　3、剖析人物的心理與感覺的本身。

　　4、描寫感情與思想的轉變過程。

　　5、描寫人物之間動作與感情的糾葛與衝突。

　　6、安排一整個故事來表現人物的情感思想。〔註66〕

以下列舉《魯冰花》書中相關的描述如下：

> 他想起了已達一年半之久的療病生活。一定是這些灰色的日子，身心都染上憂鬱的色彩了。他自忖著。〔註67〕

> 而他那頻頻向姊姊說著什麼的興沖沖的背影，顯示著他的內心是多麼興奮。〔註68〕

> 古茶妹話雖很嚴厲，但眼光卻正好相反——充滿對弟弟的愛惜。她擔心著弟弟是不是能夠選上。〔註69〕

綜觀上述，小說經由作者對人的內心分析，可引導讀者充分瞭解人物的性格，以及故事情節的推進。〔註70〕所以，心理分析越細膩越感人，小說不只是寫人可以做的事、可以說的話，還要寫人平日深抑於心底，想說而不敢說的話、想做而不敢做的事，把一切人為的束縛解除，賦予他自由，在小說裡去說去做，這樣才能真正展露出人物的心理與潛意識。虛偽的面目，心靈壓抑的枷鎖，束縛言行的規範，一旦消失解放，人一向所隱藏的本性欲望與情感思想的真實面目，就會鮮明暴露出來。

〔註65〕方祖燊：《小說結構》，頁387。
〔註66〕同前註，頁388～394。
〔註67〕鍾肇政：《魯冰花》，頁2。
〔註68〕同前註，頁5～6。
〔註69〕同前註，頁10。
〔註70〕陳碧月：《小說創作的方法與技巧》，頁109。

（三）感官印象〔註71〕

有些作家擅長於把各種感覺表現在作品裡，有時單獨表現一種感覺，或把各種感覺揉合在一起，可以以感覺爲象徵，也可以以感覺烘托境界或表現氣氛。〔註72〕所謂的感官，指人類接收外在事物刺激的感覺性器官，這種感覺包括視覺、聽覺、嗅覺和觸覺。「感官印象」是作者用來記錄五官的感覺，同時也是內心情緒表徵的手法。雖然「感官印象」只可能是片斷的、瞬息即逝的，但卻往往是人物意識活動的觸媒，自由聯想的開端，或注意中心轉移的契機。〔註73〕以下列舉書中的敘述：

> 這時他停下手，掠一掠垂在額角的髮絲，吐出一口長氣，把挺著的背脊放鬆下來。他把調色板和畫筆放在地面，緩緩地起身，後退幾步，略微細瞇著眼睛看了一會畫。「……綠色的憂鬱……」他低語了一聲，嘴角露出一絲絲苦笑。〔註74〕

> 這是第三幅了。奇怪，總是這麼暮氣沉沉的，怎麼會畫成這個樣子呢？難道我怎麼也擺脫不開憂鬱了嗎？他想。〔註75〕

> 對一個從事藝術工作的人而言，發現到知音該是最欣喜的，那怕這知音是怎樣幼稚可笑。尤其當他想到那幅並不能算高明的作品將被珍藏、欣賞，更禁不住一股溫情在心中泉湧。〔註76〕

> 茶妹覺得郭老師的話真好聽。那種低沉、緩慢的聲調，似乎充滿自信，聽得她臉上止不住地泛起了笑容。〔註77〕

> 我只要驚奇於這學校裏竟有著這麼美貌動人的女教師，這就夠了……〔註78〕

鍾肇政運用各種「感官印象」來營造當事者心境的氛圍，巧妙地讓讀者有身歷其境之感，能自由想像，表達其內心情緒。研究者認爲《魯冰花》最成功

〔註71〕陳碧月：《小說創作的方法與技巧》，頁109。
〔註72〕同前註，頁110。
〔註73〕金建人：《小說結構美學》，頁125～129。
〔註74〕鍾肇政：《魯冰花》，頁2。
〔註75〕同前註。
〔註76〕同前註，頁6。
〔註77〕同前註，頁16。
〔註78〕同前註，頁23。

之處是其使鍾肇政的意圖蘊而不出，讓讀者自己留有回味空間。換言之，其使文藝作品本身去劃出一個廣闊的欣賞空間。

四、角色關係

　　沒有人物就沒有小說；沒有生動的人物描寫，小說註定就要失敗。〔註79〕人物塑造是小說藝術的中心，或說是小說的靈魂，小說無法完全脫離人物而單純存在。作者透過人物傳達思想、情感、價值觀和對於審美的追求。所以說，人物是小說結構的核心，用來表達作者創作旨意的靈魂。以下就主要角色、次要角色、穿插角色及背景角色，來探討《魯冰花》中人物的關係。

（一）主要角色

　　本書中主要角色有古阿明、郭雲天及林雪芬三人，後兩者因為古阿明串起情感的糾葛。古阿明是郭雲天欣賞的學生，林雪芬是古阿明的級任導師。郭雲天與林雪芬彼此互有好感，卻因為郭雲天的遲鈍與林雪芬的矜持，致使這段感情無疾而終，又因郭雲天離別信裡央請林雪芬關照古阿明，所以，本著教育良知與受人之託，林雪芬格外照顧古阿明。

（二）次要角色

　　《魯冰花》中次要角色有古茶妹、翁秀子、古石松與林志鴻等人。書中對古茶妹的描述是善解人意、愛護弟弟、孝順善良的好女孩，總在一旁默默支持與鼓勵弟弟；翁秀子的角色是為了與林雪芬形成現代女性角色的強烈對比，更要製造與郭雲天、林雪芬三人之間的感情糾葛。林志鴻的角色是與古阿明成為強烈的對比，在家世背景、個性表現、繪畫風格等皆迥然不同。古石松——人如其名，脾氣固執，不向權勢低頭，總是認為一切都是命運，也正因為古石松的固執執著、家境貧窮與宿命論等，而延誤醫治古阿明的病情。

（三）穿插角色

　　書中的穿插角色有林長壽、廖大年、徐大木及李金杉等人。林長壽為富裕權貴的象徵，欲與貧窮固執的古石松形成貧富父親角色的強烈對比；廖大年之於徐大木、李金杉更突顯出校長的無能懦弱與校園的權力紛爭。

〔註79〕方祖燊：《小說結構》，頁334。

（四）背景角色

鍾肇政在書中安排小弟阿生、古阿明的媽媽及小貓咪等背景角色。這些角色看似微不足道，但在故事情節的安排上有舉足輕重的地位。小弟阿生的出現，讓向來能在五穀爺誕辰享受雞腿的古阿明再也不敢奢望；默默付出的媽媽總能在阿明傷心時，適時出現安慰古阿明；小貓咪是古阿明唯一能養的寵物，因此，牠成為古阿明最佳的玩伴，卻也因為小貓咪，讓古阿明感染急性肺炎，小貓咪的角色在此顯得格外重要。

綜觀上述，鍾肇政藉由小說中次要、穿插及背景角色，襯托主要角色的性格，突顯出小說人物的特色，使得小說故事的悲劇意識更加鮮明。研究者認為在世態炎涼的人世中，古茶妹、郭雲天等宛如是一堆溫暖的小火苗，讓人感受到世界上尚有未曾被遺忘的人性力量。閱讀此書後，傷感之餘尚有一絲絲希望，這正是鍾肇政人物形塑成功之處，其不但觸動心肺，更帶來希望，這正是本書過人之處。

第二節　《魯冰花》的意象書寫

意象，簡單地說就是將客觀物象透過創作者主觀的情感，體悟創造出來的藝術形象。另一種說法，就是寓「意」於「象」，以外在物象表達內心情意之意。《魯冰花》這部小說的意象有四個：魯冰花、雲、畫、背影。以下就這四個意象一一分析探討：

一、孤獨芬芳──魯冰花

「魯冰花」為書中第一個意象，雖然它只是開在茶樹之間不起眼的小黃花，燦爛時獨自燦爛、凋謝時默默凋謝，彷彿匆匆人間來一回，可稱是孤獨又芬芳。茶園是最貧瘠的土地，無人觀看的魯冰花用它的寂寞來滋潤茶園，成為茶園的養份。魯冰花猶如每一個平凡的小人物，歲月匆匆流逝，也許沒有轟轟烈烈的偉大成就，但圍繞在我們的身邊總有一些人不曾遺忘。

在書中對魯冰花的描述有下列二段敘述：

> 魯冰花正盛開。一行行的茶樹和一行行的魯冰花，形成綠黃相間的
> 整齊圖案。〔註80〕

〔註80〕鍾肇政：《魯冰花》，頁1。

魯冰花謝了，留下一粒粒種籽，明年又會開出一片黃色花朵點綴人
間；而在這一開一謝之間，使茶園得到肥份。然而，人世間的可貴
的天才之花謝了，到底會留下一點什麼呢？他迷惘了……〔註81〕

二、稍縱即逝——雲

「雲」為書中第二個意象。小說的〈楔子〉：就是一塊一塊的雲糊里糊塗
的貼在天空上，好像哪一個小孩隨意的一件作品。另外，鍾肇政將主角的名
字取為：「郭雲天」，在此，亦埋下「雲」的意象，猶如天上的雲來無蹤、去
無影啊！最後天上的雲化成一場綿綿細雨，像是訴說著故事中的天才小畫家
——古阿明，歷經最後的掙扎與努力，依舊無法挽回脆弱的小生命，這場綿
綿細雨彷彿還來不及滋潤乾涸的大地，大地卻已經乾涸。

在書中對雲的描述有下列幾段敘述：

雲看上去很高，一塊塊的；有些地方很厚，有些地方很薄。好像是
看過人家畫畫的小頑童，學著把顏料擠在一塊木板上塗抹而成的「糊
圖案」。〔註82〕

郭雲天老師。天上的雲，雲天，懂嗎？〔註83〕

她覺得郭雲天這樣一去，以後就不再有聚首的機會。好像他是朵來
去無蹤的天上的雲，一縱即逝，永不再回。〔註84〕

他忽然覺得有一朵黑壓壓的雲，正在冉冉上升，擴大，移向他的頭
上……〔註85〕

三、內心吶喊——畫作

「畫」為書中第三個意象，也是最受矚目的意象——天才小畫家古阿明
的畫。古阿明短暫的十歲生命中，被認為重要的畫有四幅及一幅他想去畫卻
來不及完成的畫。以下就這五幅畫作一一說明：

〔註81〕鍾肇政：《魯冰花》，頁225～226。
〔註82〕同前註，頁1。
〔註83〕同前註，頁8。
〔註84〕同前註，頁196。
〔註85〕同前註，頁91。

（一）天狗吃月

圖畫中的月亮呈現熾熱的紅色，灰黑色的狗不顧一切撲向月亮，當中所蘊釀的力量無可侷限，充滿詭魅、恐懼，似乎透露著難以言喻的心境。

在書中對「天狗吃月」這幅畫有下列二段敘述：

> 古茶妹浮起腰身瞥了一眼弟弟的畫：哎呀，糟透了！茶妹差點兒就要失聲驚叫出來。看，整張圖紙都塗滿了灰黑的顏色，一點兒也看不出到底是畫些什麼。他總是這個樣子，連天空他也要那個樣子塗下去，而且有時要塗上紫色，有時卻又是一片黃色。哪有這樣的天空啊，茶妹不禁替弟弟捏了一把冷汗。〔註86〕

> 請大家仔細看看。大家都看不懂這張畫到底畫的是些什麼，是嗎？古阿明小朋友剛才說他畫的是天狗吃月。大家一定會以為那不像狗，那圓圓的也不像月亮，對不對？好，畫畫並不一定要像，這就是說不一定要人家看懂。一張畫的好壞，雖然有好多條件，但今天我要跟大家談談色調。……好了，我們想到月亮要慢慢兒暗下來，就覺得很可怕。這張畫可以使人起一種可怕的感覺，這是因古阿明畫得太好的緣故。古阿明小朋友真是了不起……〔註87〕

（二）貓捉老鼠

古家的老鼠不但讓古石松深惡痛絕，更讓古阿明遭受極大的痛苦，因此，他畫了一隻神氣威風的小貓，正在捕捉著一隻可憐被懲罰的大老鼠。這是孩子心中的正義在向不公義的世界宣戰。

在書中對「貓捉老鼠」這張畫作有下列一段對話：

> 郭雲天取出了那副老鼠和小貓。

> 「呀！」林雪芬瞪眼說：「真是異想天開。」

> 「不瞞你說，我是越發覺這位小朋友了不得了。像這種有點卡通意味的表現，顯出了一股力量。這裡頭有自我，有強烈的主張。我幾乎要認為這才兒童繪畫的最高目標呢。還有這種顏色的配合，我真願意說這就是馬蒂斯的作風。」

> 「真有那麼了不起嗎？我倒有些弄糊塗了。」

〔註86〕鍾肇政：《魯冰花》，頁18。
〔註87〕同前註，頁48。

雪芬把畫接過來細看。郭雲天移了幾步走到雪芬背後，從她的肩上
看那張畫。

「兒童們喜歡把印象最深刻的東西誇大表現出來。我猜古阿明一定
痛恨這隻大老鼠。這小貓可能就是他的英雄思想的流露。小朋友們
大多有豐富的英雄思想的。」

「這角落的呢？」

「這個嗎？我也不大明白。像是一種小動物，不過他的用意怎樣，
我也莫名其妙。」〔註88〕

（三）牛與牧童

古阿明畫中的牛有巨大的犄角，幾乎佔據一半以上的畫面，旁邊還有一
位小小的牧童，可看出一種恐懼、不安，以及似乎一觸即發的悲劇。

在書中對「牛與牧童」這張圖畫，有一段郭雲天的內心獨白：

郭雲天彷彿已看到古阿明被愚庸的環境壓迫下來，永生埋沒草萊—
—成了個貧窮的農夫，永久不能發揮才能……他匆忙地把那些畫收
拾好。恰巧最上面的一幅是古阿明的畫。那是一頭水牛，犄角奇大，
幾乎佔滿了整個畫面的三分之一。左下角是一個牽牛的牧童。看來
這牧童小得還沒有一隻牛角大。但也因此顯出了那隻牛角的強大有
力。這些雖然那麼不均衡，可是任誰都可看出作者的主張如何，意
圖在哪裏。而那種由原色構成的鮮豔色彩，更具有一股叩人心絃的
力量。

「這是馬蒂斯的手法啊……」郭雲天低低地自語著。於是，他又沈
思了。我真的救不了這樣天才的幼苗了嗎？〔註89〕

（四）茶蟲世界

這張畫作是古阿明獲得肯定的作品——參加國際畫展，整個畫面佈滿茶
蟲，吃人的茶蟲、扭曲的茶蟲、纖瘦茶蟲、肥胖茶蟲，最令人心悸的是還在
長蛆、孵化、繁衍的茶蟲……沒人知道，這些茶蟲在古阿明的心理造成多大
的威脅與憤恨，而牠們到底還要囂張到什麼程度？

〔註88〕鍾肇政：《魯冰花》，頁62～63。
〔註89〕同前註，頁120～121。

在書中對「茶蟲世界」的敘述有下列一段話：

> 在一面圖案化的綠色畫面上，各種各樣的大小茶蟲畫得猙獰可怖。
> 此外還有幾個人物——古阿明曾向郭雲天說那三個人是姊姊，小弟
> 弟和他自己。茶蟲有的在拼命地啃茶葉，有的在吃畫面上的一個人
> 物手裏捧著的飯，有的在吃另一個人物的衣服。古阿明那小小的心
> 靈裏的憤恨與恐懼，靠著他那獨特的，大膽的筆觸，毫無遺漏地表
> 露出來。〔註90〕

這幅畫在古阿明死後榮獲世界兒童畫特獎的殊榮，遺憾的是他因急性肺炎過
世，來不及得知獲得國際肯定。從畫中，可以剖析出茶蟲在他的心裡造成巨
大的陰霾與恐懼，茶蟲啃蝕掉飯、衣服、畫本，還吃掉他心愛的蠟筆，頓時，
人變得渺小無助。對古阿明而言，「茶樹」代表「錢」，因為茶蟲狠狠啃蝕掉
他們家的茶樹，使得家中經濟陷入困境，如果除掉茶蟲，爸爸不需要再為不
計其數的茶蟲煩惱，他和姊姊的受教權也不會受到影響。

（五）生命復甦

　　最後一幅已構思卻來不及提筆的畫，是古阿明長久以來所觀察的大地環
境——金黃色的天空和土地，多麼真實而親切，這就是他生存的空間。在古
阿明重拾信心，滿懷希望構思這幅畫時，我們似乎感受到一股復甦的力量正
蓄勢待發。

　　在書中對最後一幅畫，有下列一段描述：

> 他決定要用水彩來畫割稻的景色。他很多天來就在腦海裏描繪著那
> 一幅金黃色的燦爛收割圖——一片稻穗、夕陽、枯黃的稻葉和黃色
> 的稻草束。還有，割稻人的竹笠，他們那被泥巴沾污的衣褲，他們
> 那健康的膚色。簡直是一片黃色世界。他幾乎是三步拼做兩步飛奔
> 回家的。〔註91〕

沒想到，這幅象徵生命復甦的畫作竟隨著古阿明感染急性肺炎，迅速不可挽
回地消失殆盡，不留下一點點的希望，古阿明這五幅畫作就這樣悄悄圍繞著
本書主題而進行。

〔註90〕鍾肇政：《魯冰花》，頁138。
〔註91〕同前註，頁205。

四、沉思動人——背影

「背影」爲《魯冰花》第四個意象，回顧朱自清的〈背影〉之所以動人心弦，除了精湛的文學技巧外，應該是他意外觸及中國傳統特殊的父子關係。一個中年失業又喪母的父親，在雙重打擊之下，還得故作堅強、樂觀，安慰兒子說：「事已如此，不必難過，好在天無絕人之路。」不知道如何表達對兒子的愛，經常暴怒以對。在一次送行的機會下，父親婉轉地想以買橘子表達對孩子的愛，令人動容的是孩子終於在父親的「背影」發現滿滿的父愛，那是故作堅強、嚴肅的父親「正面」從未流露過的愛。研究者發現鍾肇政在文中亦無意運用「背影」的書寫意象，呈現當事者心中無法言喻且錯綜複雜的情緒。

以下歸納出書中描述「背影」的描述：

> 而他那頻頻向姊姊說著什麼的興沖沖的背影，顯示著他的內心是多麼興奮。〔註92〕

> 他看著垂頭喪氣的兒子的背影，不由地落入沉思。〔註93〕

鍾肇政「背影」的主角爲古阿明，在那背影背後所呈現的是孩童天眞無邪的心境與父親貧窮壓力的沉思，然而這樣感悟與沉思，最終依舊屈服於殘酷現實的經濟環境。無庸置疑，在此「背影」的沉思下，流露出古石松堅強嚴肅背後所隱含鐵漢柔情、溫柔疼惜的父愛。

《魯冰花》除了以上四個明顯的意象外，吾人尚歸納出整體性的意象：

（一）浪漫的意象：由魯冰花、天上的雲及古阿明的畫作所構成的浪漫世界。

（二）單純的意象：《魯冰花》處理的是一時一地的故事情節。

（三）幽幽的意象：《魯冰花》悲劇意識的呈現，令人感到一股幽幽的愁緒，不禁悲從中來且不由自主的落淚。

（四）前瞻的意象：在《魯冰花》呈現一顆年輕的心在向前瞻望，從書中情節剖析，可歸納出全書由「期待」與「悲觀」交錯而成。

綜上所述，鍾肇政透過意象的書寫，表現思想感情與抒發人生體驗。研究者

〔註92〕鍾肇政：《魯冰花》，頁5～6。
〔註93〕同前註，頁30。

認為優秀的文學作品具有積極的思想情趣，而含有新鮮和普遍意義的意象，能展現嶄新意境和引發想像，從而使讀者產生聯想、共鳴和思考。對讀者而言，欣賞文學作品時，可以從剖析意象入手，發掘意象效果、意義以及如何作用於感官而實現其藝術昇華。換言之，意象能給予讀者以獨特的藝術感染，引導讀者領略文學的意境。

　　鍾肇政常在書中透露一絲絲希望的火苗，卻馬上將它澆熄，令人不得不在極端的情境裡作當下的思考：我們要怎麼做、為什麼要這麼做。所以，常在這悲觀中看到一點希望，期待這個環境能有好轉的機會，這似乎是鍾肇政慣有的創作技巧。書中的郭雲天有年輕的熱情，卻又有行動上的遲疑，這樣的矛盾性格，交錯出一種多情的悲哀。

第三節　《魯冰花》的悲劇意識

　　南朝梁·鍾嶸〔註94〕《詩品》〔註95〕首句云：「氣之動物，物之感人，故搖蕩性情，形諸舞詠。照燭三才，暉麗萬有，靈祇待之以致饗，幽微藉之以昭告。動天地，感鬼神，莫近於詩。」〔註96〕詩人常把他的感情寄託於詩中，表現他的歡樂與悲哀。小說家也常常將其所深切體會得到的人物情思──心理與意識描寫出來。什麼樣的劇情會使觀眾讀者產生憐憫同情、憂慮恐懼、悲傷痛苦、憎惡憤怒、快樂歡笑？戲劇有悲劇和喜劇兩大類。根據古希臘哲學家亞里斯多德（Aristotle, 384～322 B.C.）《詩學》的文學理論之觀點，「悲劇」就是能夠引起觀眾讀者憐憫或恐懼的情緒，並使觀眾讀者產生同情、擔憂、感傷、憎惡與憤怒的心理，甚至掉淚痛哭，情緒也隨之得到宣洩。〔註97〕

　　孟子認為人生來就有善良的天性，而惻隱之心乃為四端之一。惻隱，就是亞里斯多德所謂的「憐憫」，也就是現代美學所說的「同情」（sympathize），

〔註94〕鍾嶸（468～518），字仲偉，潁川長社（今河南長葛西）人。出身世族，好學、有思理：精《周易》、富辭章修養，在南朝齊梁時代曾作過參軍、記室等小官。

〔註95〕鍾嶸曾仿漢代「九品論人，七略裁士」的方式撰寫《詩品》（原名《詩評》，北宋後改稱為《詩品》），成書於梁武帝天監十二年（513）以後，品評自漢至梁一百二十二位五言詩作家，齊梁之際，文學思潮浮靡訛濫，故書中提倡風力，反對玄言，是一部專論五言詩的古典文學批評名著。

〔註96〕〔清〕何文煥輯：《歷代詩話》（北京：中華書局，1981年），頁2。

〔註97〕亞里斯多德（Aristotle）著、劉效鵬譯：《詩學》（臺北：五南圖書出版股份有限公司，2008年），頁20。

其認為作家寫作題材，必須能夠引起讀者或觀眾的同情心。一般人都有好善嫉惡、惻隱憐憫之心，憐憫是人比較高尚的一種情緒，也是構成悲劇和感動觀眾、引導觀眾的一種情緒。「死亡」會引起恐懼，也會引起憐憫、同情。如果作家能夠將一個人的「不幸與死亡」之情節動人地描述出來，就足以賺人熱淚、發人省思與揭發人性。

吾人發現《魯冰花》一書中讓我們看到平凡人物的喜、怒、哀、樂牽動著讀者的情緒，書中一幕幕的景象似乎活生生呈現在讀者眼前，其所反映的問題有一貫性及系統性，超越時空與情境，不因時間久遠而失去價值。因此，研究者歸納出《魯冰花》之所以引人入勝的三大因素：「引動讀者情感、關懷悲劇現實，以及掌握社會脈動」等。這三者環環相扣，契合讀者熟悉的生活場域、教育議題與社會問題等，讓讀者不由自主走入小說所營造的世界裡，情緒也隨之波動。以下依這三項因素述評如下：

一、引動讀者情感

讀者只是作品本身的一種反光鏡──是能瞭解其「本來面目」的人。理想的讀者必須具備所有破解作品的重要專門知識，正確無誤地運用此一知識，而且不受任何干擾限制。此一模式假如要發揮淋漓盡致，必須超越國界、階級、性別，不受種族特徵侷限，不具有限定性的文化假說。〔註98〕

鍾肇政以細膩的筆鋒與豐富的想像，活靈活現刻畫出小天才古阿明的一生寫照，這是本書最引人入勝之處。古阿明生活的環境為何？那是一個滯悶的教育體制與環境，壓抑小孩子天真活潑的個性；校園中存在的是老師的明爭暗鬥、校長的無能懦弱；社會的貧富不均、貧窮的無奈無助，進而影響學生的受教權與品格養成等現象，硬生生侵入學校體系的是無法防堵的權勢、金錢罪惡等淵藪。毋庸置疑，當這些無法克服的因素集合在一起時，只是加速問題的嚴重惡化，和對生命無情的摧殘，這應該是鍾肇政將書名命名為《魯冰花》所象徵的悲劇性意涵。

郭雲天雖有遠大理想、抱負且具有教學能力與教育良知，最終仍無法抵擋校園舊勢力的抨擊、社會的壓力。甚至，連自身的愛情，也活生生在這現實環境下煙消雲散，林雪芬雖然純潔，仍舊懾服在傳統環境下。最後古阿明

〔註98〕泰瑞・伊果頓（Terry Eagleton）原著、吳新發譯：《文學理論導讀》（臺北：書林出版有限公司，1993 年），頁 152。

為國際所肯定之際，大家才恍然大悟，但終究僅僅是瞬間的「恍然大悟」而已，猶如曇花一現。貧窮而無以翻身的古阿明仍然離開人間，眾人的「恍然大悟」卻又來得太遲，這又有何意義呢？奠禮上的表揚，簡直就是一大諷刺，天才的命運終究在這個現實的社會、僵化的教育體制下被擺佈而埋沒。

另外，書中營造出相當多感人的場面，如郭雲天和古阿明的「師生情誼」、古茶妹和古阿明的「手足情深」等，表現出人類相處最真摯的一面，寫到感動之處，也讓讀者不禁傷心落淚、為之動容。

《魯冰花》沒有高不可攀的富豪生活，也沒有轟轟烈烈的愛情故事，它所表達的是一位貧窮小人物十餘年短暫的一生。一位在教育制度、貧窮環境下隕落的小生命，它緊緊牽動著讀者的情緒，因為，這樣的故事情節似乎若隱若現出現在眾多讀者的生活中——古阿明、郭雲天的角色與生命歷程，總令讀者久久不能忘懷。回顧現實生活若有師長資助貧窮的學生，讀者似乎會不約而同想起《魯冰花》中的郭雲天老師；而在現實生活中，即有臺南縣後壁鄉樹人國小美術教師吳鴻滄效法《魯冰花》故事，自願到偏遠小學落實教學理念；還有位新北市水源國小教師杜守正受其影響更劇，其大學是念成功大學工業工程系，卻因為大三看了電影《魯冰花》，劇中美術老師對擁有畫畫天份學生的關愛，讓他深受感動，也促使他決定報考臺北師院國小師資班，如願成為一名優秀的老師。

研究者認為《魯冰花》的教訓深植於讀者與教師心中，大家不願意悲劇重演。由此點觀之，《魯冰花》能夠歷久不衰是不可否認的事實，由此篇小說所引發的議題及觸動教育與社會的問題聚焦，卻是始料未及而產生強大的漣漪。

二、關懷悲劇現實

寫作作為一種創作性的精神活動，它首先離不開作者表象記憶的能力。〔註99〕因此，作者創作時，需仰賴記憶中貯存著大量的通過觀察感知獲得的生活表象，以作為構思材料及基礎。〔註100〕在小說寫作中，人物的塑造、情節的構思與編織，都是在大量的生活經驗基礎上進行的。從這個意義上說，

〔註99〕劉雨：《寫作心理學》（高雄：麗文文化事業股份有限公司，1995年），頁118。
〔註100〕同前註。

小說是作者經驗的變形與反映。〔註101〕朱光潛也說：「凡是藝術創作都是舊經驗的新綜合。經驗是材料，綜合是藝術的運用。」〔註102〕可見小說創作時，雖不全然是反映記憶中所感知的經驗，但是創作時所運用的想像或聯想，也是建立在記憶中的經驗基礎之上。

《魯冰花》故事情節安排是以悲劇收場，但其內容不乏是對這塊土地上小人物的疼惜與關懷。鍾肇政塑造一位深信宿命論、貧窮且固執的古石松，這無疑為此悲劇結局埋下的伏筆，加上郭雲天臨時教員的身分及校園勢力的鬥爭，讓他無法堅持教育理念；古阿明繪畫天份的出眾、活潑執著的個性，再埋下生命殞落的種子。這三個重要的因素，可稱是悲劇三重奏，在這三個因素背後的環境，不正是我們所處赤裸裸的環境嗎？書中說：「這就是社會，就是任何一個圈子裡都不可避免的明爭暗鬥。」〔註103〕包括：宿命論、貧窮、固執、賄選、社會惡勢力等。

《魯冰花》小說中人物的悲劇意識及無奈情愫，似乎無時無刻牽動著現實生活中的讀者們。古阿明無法參賽及林志鴻順利得名，傳達郭雲天不敵現實環境的無奈與古阿明的失望，卻也反諷著僵化的教學方式及觀念，扼殺學童的創造力及純淨的心靈，正是悲劇意識之一；林雪芬無法掙脫現實環境的枷鎖與感情的無奈，是悲劇意識之二；儒弱無能的校長面對同事間的壓力，僅能委曲求全，以致單純的校園間產生鄉愿景象，此乃悲劇意識之三；現實環境中的社會權勢，就連古阿明的喪禮竟也為林長壽鄉長所主導，為悲劇意識之四。

針對林雪芬悲情的個性、廖大年校長委屈求全的態度及林長壽虛偽自私的表現，在《魯冰花》文中有深刻的描述：

> 她既是個現代青年，便有權走現代人認為正確的路。鄉下的人們儘管還在走著舊時代的路，但她不能跟那些人們混為一談，她沒有理由成為舊式婚姻的犧牲。但是，郭雲天也覺得她的個性十分軟弱。當自己所選的路上出現了阻礙時，未必有勇氣越過它。〔註104〕

> 但是啊，郭老師，你的功績，我會永遠記在心頭的。我覺得很對不

〔註101〕劉雨：《寫作心理學》（高雄：麗文文化事業股份有限公司，1995年），頁119。
〔註102〕朱光潛：《談文學》（臺北：前衛出版社，1983年），頁189。
〔註103〕鍾肇政：《魯冰花》，頁119。
〔註104〕同前註，頁140。

起你，也對不起學校。這個，一定是我永生忘不了的愧疚了。〔註105〕

林志鴻小朋友手捧著那隻取下來的鏡框，緊隨在靈柩後。這是主祭人的安排。林鄉長為了表示特別鄭重的意思，讓自己的兒子來取代死者的姊姊。不管此舉是不是合情合理，但人們都敬佩鄉長這種不尋常的熱心。〔註106〕

世上有不少心地善良的人，往往因個性軟弱，而使事情功敗垂成，而軟弱之於善良，又常常如同影之於形，永不可分。許多人間的悲劇便由此而生。〔註107〕吳濁流在《吳濁流致鍾肇政書簡》一書中曾提到：「《魯冰花》的悲哀，使人同情，使人流淚，也使人痛恨趨炎附勢的教師……現在我已離開教育界很久，凡事都荒疏了。」〔註108〕由上研究者更確定《魯冰花》是一本真實反映人生的小說，故事中的人物性格、情節中的劇情片段，總是出現在我們周遭。吾人認為：不一定要呼天搶地的悲劇才會賺人熱淚，不一定是纏綿俳惻的愛情故事才能感人至深。土地的故事、鄉土的情感，還有現實社會的無奈，有時令人忿忿不平、有時令人欣喜若狂，這才是人生。從《魯冰花》一書中，可讓讀者瞭解更多關於臺灣土地的故事，也讓讀者對人生有了不同的觀點。

從上發現：鍾肇政塑造出人物懦弱的個性，以營造《魯冰花》淡淡憂愁的悲劇，試圖表達對現實環境中底層人物的關懷，這無疑是鍾肇政人道主義精神的表現，藉由此悲劇創造扣人心弦的故事，引發讀者關心社會底層小人物的辛酸故事，進而關懷社會與教育。

三、掌握社會脈動

反映人生，是小說的使命之一；反映時代，也是小說的使命。〔註109〕時代的形成，有文化、政治、社會及經濟等因素。它們交錯地孕育出人生、影響人生；人是時代的過客，人生的際遇，固然一方面操諸在我；另一方面，時代的洪流對於人類的命運，更具有莫大的衝擊，人類的命運與時代的潮流，

〔註105〕鍾肇政：《魯冰花》，頁155。

〔註106〕同前註，頁222。

〔註107〕同前註，頁155。

〔註108〕錢鴻鈞編、黃玉燕譯：《吳濁流致鍾肇政書簡》（臺北：九歌出版社有限公司，2000年），頁38～39。

〔註109〕羅盤：《小說創作論》（臺北：東大圖書股份有限公司，1980年），頁350。

有著骨肉相連密不可分的關係。﹝註110﹞小說是描寫人生的文學作品,小說離不開人生,小說也就離不開時代,小說家們秉於良知、正義和真理,他們不甘緘默!他們要呼喚!他們要吶喊!乃訴之於筆墨,藉助人物故事為媒介,表現他們對時代的抨擊。

　　從《魯冰花》我們可發現鍾肇政掌握當時社會的脈動,且有明確的主題意識,包括:僵化的教育、泛政治化的意識、關懷弱勢團體等。這部小說以桃園縣龍潭鄉為描寫之場景,鍾肇政除了出自於對故鄉的情感或是諷刺戰後貧富差距外,尚突顯僵化的教育、泛政治化等主題意識。這些他所關心的議題,藉由小說中人物的刻畫和情節鋪排,層次分明地表露出來。

(一)僵化的教育

　　鍾肇政是位熟稔教育環境的教育工作者,由他描述的教育環境再適切不過。在書中針對美術教育議題有幾段對話與回應,讓我們目睹活生生的事實:

1、郭雲天與徐大木的唇槍舌戰

> 我想各位老師都能夠一目了然,這邊的幾張畫和那邊幾張的優劣,是不用任何人來說明的。剛才,郭老師好像把古阿明小朋友說成天才兒童,這一點,各位恐怕也不一定能夠同意。我們來看看古阿明的這些畫,它們都不自然,不正確,幾乎看不出所畫的是什麼東西。相反地,讓我們看看林志鴻小朋友。這些畫的形狀、線條、色彩、大小、遠近、明暗,沒有一點不是明明白白正正確確。﹝註111﹞

> 林志鴻的畫是沒有自我的,是古板的。這裡我願意再補充幾點。徐老師所主張的林志鴻的優點,好像可以用個「像」字來概括起來。小朋友有他的眼光,他們怎樣感覺就怎樣畫,他們願意怎樣表現,就讓他們怎樣表現。跟實物的形態相像不相像,這是不大要緊的。我常常說,如果要像,我們有照相機就夠了,根本都不要畫畫。
> ﹝註112﹞

> 照像的像只是像,繪畫的像卻在像的上面另外還有個美。不像的畫,我真不曉得到底有什麼用處。美術是美的藝術,畫得像,我們就知

﹝註110﹞羅盤:《小說創作論》(臺北:東大圖書股份有限公司,1980年),頁350～351。
﹝註111﹞同前註,頁112。
﹝註112﹞鍾肇政:《魯冰花》,頁112～113。

道畫的是什麼，這樣就能產生美感，美感也就是美術的生命。而且在小朋友們的眼光裏，對一件物體的感受，也不見得就跟我們成人不同。紅的是紅的，藍的是藍的。古阿明的這些畫，簡直叫人糊塗，根本不能產生美感。〔註113〕

我認為這些是古阿明訴之直覺的表現，正是有主張，有自我的，也就是有價值的藝術品。小朋友對特別感覺興趣的事物，加意地描繪，細心地刻畫，努力地表現。其他部份就給忽略，而輕輕地帶過。徐老師認為這是不自然，其實我以為這才算真正的自然。這就是兒童自己的表現方式，是創作，不折不扣的創作。真正的創作也就是藝術。描摩出來的，拘泥於形式型態的，沒有兒童感情的表現的，便不能算是創作，因此就不能算是藝術。從這一點來衡量林志鴻的畫，便可知道他是描摩實物而表現，是沒有價值的。〔註114〕

2、郭雲天與林雪芬的抒發己見

那些小朋友們畫的都很……很古板。我想那不是小朋友的畫，或者可以說是成人的畫。〔註115〕

是古阿明，像他那樣的才是真正的兒童畫。他們應該不管自然不自然，自己怎樣感受到便怎樣畫。有時，我們大人是不容易理解的。這是我的猜想，也許老師們都還有著從前的傳統觀念，認為畫必須畫得像、自然，其實這才不自然的。小朋友有他自己的眼光，他們怎樣感覺，便怎樣畫，這才算真正的自然。〔註116〕

3、郭雲天與翁秀子的美術教育觀

真的，我不是說客氣話。我和雪芬剛才講過，我們的美術教學太不像話了，或者根本就離了譜也不一定呢。〔註117〕

4、郭雲天對美術教育的內心獨白

事實上，郭雲天對這張畫並不滿意。它，正是典型傳統作風的畫；沒有個性，沒有創意，沒有自我主張，也沒有一絲一毫兒童們所應

〔註113〕鍾肇政：《魯冰花》，頁113。
〔註114〕同前註，頁114。
〔註115〕同前註，頁21。
〔註116〕同前註，頁22。
〔註117〕同前註，頁40。

　　該有的幻想成份。只是「像」而已，模倣而已，而且還太像了些。
〔註118〕

由此可知，書中所描述的教育環境與教學方法，與我們所走過的年代似曾相識，僵化的教育制度，不知曾經扼殺過多少正要萌芽的小幼苗，恰似只緣身在此山中，但卻是雲深不知處。小說中所述教育制度、教學方法、生命教育、情感教育、品格教育、美術教育，以及創造力教育等議題，正好呈現僵化教育的代用品。

（二）泛政治化的意識

　　族群認同與統獨意識一直是我國社會所關注的焦點議題，也是政黨屬性一個重要的分水嶺，更是一般群眾政治傾向的圖騰。然而，不同於西方民主的經驗，理性的問政過程不容易吸引大眾媒體注意，如果政黨要從這方面獲得民眾肯定，其效果是有限的。最快速的捷徑就是藉由這類意識型態的衝突，經由大眾傳播的強力報導，達到自身的曝光率，且更可藉由這種意識型態的衝突，吸引更多民眾的支持與肯定，提昇從政機會。

　　意識型態是整合性的理念系統，能合理化生活方式，發展出「對」與「錯」的標準，可以提供行動時的情感衝動。在我國特殊的政治環境之下，只要在政黨彼此競爭中，若時時刻刻或有意無意的結合這類意識型態，則政黨的作為是可以歸因於泛政治化，也由於一切作為都可以泛政治化，則任何的結果就可以被合理化。

　　一旦這類泛政治化意識型態深植於社會，則執政者的施政作為必受其束縛。身為一位權力的佔有與支配的政治行為者，若過於重視或強調這類意識型態，則政爭將是永無止息。

　　在書中鍾肇政安排林長壽這位角色，不但是三溪水的首富，更擔任兩屆縣議員，進而進軍鄉長的寶座。書中關於林長壽將其勢力侵入校園的描述如下：

　　　「就是選舉的事。要各位多多幫忙。」

　　　「當然嘛！」李教導又搶了個先說：「我們沒有一個不是擁護林先生的，也只有你來領導，我們水城鄉才能繁榮發展。」

　　　「呀呀，李老師這話可是太過獎太過獎了。我怎麼當得起呀。我什

麼都不懂，全要仗你們文化界知識份子幫忙，不然的話，我怎麼敢
這樣大膽。不是嗎？」〔註119〕

除此之外，更有教師族群間的權利鬥爭，由廖大年校長與郭雲天之間的對話
以及郭雲天的內心獨白，便能一窺究竟。

1、廖大年校長與郭雲天的對話──遺憾與惋惜

「好了好了。說下去怕要不好聽。這個，照多數老師的意見，三年
級的代表決定為林志鴻小朋友。請郭老師原諒。時間不多了，請郭
老師依程序進行吧。」

「郭老師。」校長也收拾好要下班了，從後頭叫了他一聲。

「不早了，該回家了。」

「好的。」

「我很抱歉，也非常遺憾，希望你一定要諒解我的苦衷。」

「哪裏的話。校長，我只是惋惜，也為我們學校惋惜。」

「我很高興聽到你這麼說。這個，你雖然只是幫一個短期間的忙，
可是這麼替學校設想，我非常感激的。那麼我走了，真抱歉。再見。」

〔註120〕

2、郭雲天的內心獨白──現實與無奈

他明瞭了李、徐兩人對校長的影響力之大。不僅校長，恐怕對所有
的同事們都有著很重大的影響力。在這種環境裏，校長一定是不好
做的。很久以來，郭雲天就聽到校長有意退休。在傳聞裡，有人說
他是年老體衰，不堪勝任。六十歲了，而且身體也確實不能算強健，
該也是到告老的時候了。然而實際上可能有部份原因是僚屬的壓
力，教他感到心灰意冷。老校長的性格又那麼軟弱，難怪只有急流
勇退一途了。

如此想來，翁秀子所說的李、徐兩人在走「有力人士」的門路，都
不是沒有理由的，他們一定是做著聯合陣線的策動。這麼一來，徐
之極力反對古阿明而擁林志鴻，又李之大力附和，都是有其遠大用

〔註119〕鍾肇政：《魯冰花》，頁150。
〔註120〕同前註，頁118。

意的。總之一句話，這就是社會，就是任何一個圈子裏都不可避免
的明爭暗鬥。〔註121〕

過去泛政治化意識形態，造成經濟對立、社會分裂，使許多原本不應有政治
立場的行業人員，包括老師、軍人與法官等，都變成泛政治化，也讓臺灣的
傳統核心價值被扭曲。民主必須要以自由主義為基礎，要以人權、法治、自
由為基礎，光定期選舉並不代表民主。吾人反思：為何越民主反而越貧窮？
反而越分裂？這應該是我們的民主還不健全所致。

（三）關懷經濟弱勢兒童

弱勢團體（Social vulnerable groups），指的是社會中的弱者群體，在財富、
社會地位上處於不利地位或者無權、無勢、無投票權的人，在社會被標籤化
及歧視的團體。依內政部對「弱勢兒童及少年」對象的定義，有如下六類：

　　1、符合領取中低收入兒童及少年生活扶助資格者。

　　2、特殊境遇婦女家庭扶助條例第九條規定未滿六歲之兒童。

　　3、兒童及少年保護個案。

　　4、安置於立案之公私立育幼機構及寄養家庭之兒童及少年。

　　5、符合行政院衛生署公告之罕見疾病兒童及少年或領有全民健康
　　　保險重大傷病卡之兒童及少年。

　　6、其他經評估有必要補助之兒童及少年。

在書中，古阿明家中的經濟並不寬裕，可視為貧窮人家的代表，然而他這樣
一位平凡的小人物，何以躍然紙上成為鍾肇政筆下的小男主角？研究者認為
鍾肇政試圖藉由經濟弱勢兒童的感人故事，盼能喚起社會大眾憐憫之心與教
師的教育良知，從小說中反映社會的貧富不均、經濟弱勢家庭的悲哀與無奈。

2010 年 12 月 4 日有一則新聞報導：一位住在澎湖的小學六年級學生——
陳俞伶，獲得由臺中縣立文化中心舉辦「全國兒童聯想創作畫比賽」的決賽
資格。不料，越南籍母親將主辦單位贈送的機票扔掉，加上家中尚有三子女
及生意需要照料，父母親無暇出席，眼見陳俞伶的失望，母親不忍造成孩子
的遺憾。最後，找上導師協助，在學校與導師「無論如何都要讓她來，要幫
離島的孩子圓夢！」信念下，這位小女生得已順利參加決賽。這樣感人的真

〔註121〕鍾肇政：《魯冰花》，頁 119。

實故事，中國時報是以「魯冰花翻版，七美小女生圓夢」〔註122〕作爲標題，再度喚起群眾對經濟弱勢兒童的關注及學校的積極作爲。

　　吾人認爲在這份報導中，另一個議題更發人省思：陳俞伶的母親感慨說：「繪畫在當前社會中的收入有限，而俞伶在校每個科目都表現傑出，年年拿第一名。我當然希望女兒更好，若女兒眞有繪畫天分，希望完成高中學業後再發展，避免只發展繪畫而沒了前途。」〔註123〕這樣的想法，不正與鍾肇政筆下的古石松、林長壽與郭雲天〔註124〕的觀念不謀而合啊！不同年代卻存在相同的觀念，不知這樣僵化的意識型態，還會扼殺多少孩子的夢想與未來。這些傳統的思維模式，至今仍普遍存在市井小民心中，研究者認爲這不但是值得當今教育改革深思的議題，也正是《魯冰花》的故事至今仍深植人心的原因之一。

　　另外，研究者認爲魯冰花已經成爲教師協助經濟弱勢團體的象徵，這樣的象徵不是第一次，也不會是最後一次，因爲，社會結構的改變，貧富差距愈來愈嚴重，經濟弱勢的兒童急需我們的關懷與照顧。這樣議題的呈現，再次彰顯出鍾肇政的人道精神是沒有時代隔閡，不論在哪一個年代，惻隱之心的人們皆懷有悲天憫人的胸襟。不過，更令吾人深思及深深惕厲者：我們的教育不能只注意天才，因爲，還有更多需要我們關懷的兒童，他們也許很平凡，也許很愚昧，身爲教育工作者，更應該重視兒童的個別差異，發揮愛心關懷孩子。

　　綜觀上述，筆者認爲從人物刻畫、意象書寫及悲劇意識的呈現，在在表現鍾肇政想藉由文學傳達對教育及社會的關懷。書中的人物栩栩如生、活靈活現生存在不同時代中，而建構全書的五幅畫，不正是孩子生活最眞實的寫照，那種恐懼、憤怒、期待一一在色彩大膽豪放的古阿明畫作中表露無遺。悲劇意識不曾因爲時代的變遷而改變，它仍然牽動著讀者的靈魂、影響著孩子的未來。研究者將在下一章節，探討《魯冰花》所隱含值得關切的教育議題，如：情感教育、生命教育、品格教育、美術教育及創造力教育等五大議題。

〔註122〕梁貽婷：〈魯冰花的翻版，七美小女生圓夢〉，《中國時報》A11 版，2010 年 12 月 4 日。

〔註123〕同前註。

〔註124〕古石松不曾認爲古阿明是繪畫天才；林長壽從不希望林志鴻未來成爲一名畫家；郭雲天認爲自己終究是一名教師，更不可能成爲藝術家。依序見鍾肇政：《魯冰花》，頁 125、94、189。

第五章　《魯冰花》與教育議題的激盪

　　教育爲人類生存與發展上的重要工具，個人才能之發展、社會生活之進步，有賴教育促成；即民族之生存與國際和平，亦有賴教育力量爲之保障。教育兩字連用成詞，最初見於《孟子·盡心篇》：「得天下英才而教育之，三樂也。」〔註1〕按許愼《說文解字》：「教，上所施，下所效也；育，養子使作善也。」〔註2〕段玉裁注：「育，不從子而從倒子者，正謂不善者可使作善也。」〔註3〕又《禮記·學記篇》：「教也者，長善而救其失者也。」〔註4〕《中庸》云：「天命之謂性，率性之謂道，修道之謂教。」〔註5〕由此可知，古代所謂

〔註1〕 出自孟子：《孟子·盡心》，乃說明得到天下才華出眾的人而教育他們，這是人生的第三樂。見〔宋〕朱熹撰、〔清〕張伯行注、楊家駱主編：《小學集解·四書集注》（臺北：世界書局，1989年），頁104。

〔註2〕 出自許愼：《說文解字》，乃說明所謂「教」就是上位者所給予的知識、道德、政令、制度等方面的人文教化，而下位者要學習效法的；所謂「育」就是父母養育孩子並要教他爲善之意。見〔漢〕許愼編、楊家駱主編：《校刊宋本說文解字·校勘記》（臺北：世界書局，1988年），頁99。

〔註3〕 出自段玉裁：《說文解字注》，乃意味象形字的「育」字，上頭不是正「子」，而是倒「子」，倒子是不正常的，是惡的。不正常的倒子經過「育」之後，就成爲正子。此「育」的意義，乃與「教」的意義相合——使受教者及下一代爲善。見〔漢〕許愼撰、〔清〕段玉裁注：《說文解字注》（浙江：浙江古籍出版社，2010年），頁123。

〔註4〕 出自《禮記·學記》，乃說明教育的目的是使人善良的方面不斷增長，而使人的過錯得以挽救及避免。見〔元〕陳澔撰、楊家駱主編：《禮記集說》（臺北：世界書局，1990年），頁201。

〔註5〕 出自《中庸》第一章，乃說明天所賦與人的本質就爲「性」，完全按照人的本性去做爲「正道」，理解並遵循正道稱之「教」。見〔宋〕朱熹撰、〔清〕張伯行注、楊家駱主編：《小學集解·四書集注》，頁1。

教育，其目的在使人為善。換言之，教育的目的是透過培養及內化的過程使人為善；教育的內容，不限於知識，也包括人格的修養，重視人格感化，並以聖賢書教化之。因此，教育不能純以西方文化所謂「知識即美德」為滿足，而當有對於人的陶成與教養並使之為善之意。

人們透過對各種文學的欣賞，使情感和心靈獲得平衡、宣洩或滿足，進而從閱讀中，感受美、體驗美、欣賞美。文學以生動、具體的藝術手法和形象，將生命、心靈、科學的活動再具體化，使人們對於社會、自然、人生的理解有更進一步的體悟。換言之，文學對人的影響是循序漸進且潛移默化。它不僅僅透過栩栩如生的藝術形式再現人的生活樣態，更透過文學典型說明人應該怎樣生活，進而鼓勵人去創造新的生活，且透過具體的社會實踐及潛移默化的過程，使文學作品的精神影響生命的諸層面而產生實際效果。讀者在認識文學作品所反映的社會生活同時，也對作品進行再思考，包括愛與恨、善與惡、美與醜等二元對立的概念，在人的思想中產生不同程度的激盪和共鳴，使人從中得到一定的啟迪和省思，以造就讀者完整的個性及價值觀。

文學除了以上述的方式影響著訊息接受者之外，亦有其作用，包括知識、教育以及審美等三種。文學的知識作用是教育和審美作用的基礎；而文學的教育作用則把對知識功能與審美時所需的背景認知更加深化；同時，審美作用以藝術自身獨特的感染力，促進知識作用和教育作用能有更好的實際效果。它們的相互作用體現文學作品中真善美的統一，並分別對人們的知、情、意產生深刻影響。人們在欣賞文學作品時，這三種功能互相滲透，互相作用於人的思維意識中，對人的精神世界施以全面的影響。

是故，教育可透過優秀的文學作品，深深地感染人心、感動讀者；在潛移默化中影響著人，甚至在思想上改造人，進而影響生活與社會，推動人類的社會生活不斷向前發展、進步。例如：魯迅的《阿 Q 正傳》之影響力是深遠而巨大；日治時期臺灣文學家賴和作品之影響力亦不遑多讓。以上在在證明，教育與文學有著密不可分的關係。本章特萃取小說中前人研究文獻與目前教育政策所不足的情感教育、生命教育、品格教育、美術教育與創造力教育五個主題，輔之以教育、心理等理論及文本內容，從教育理念、文本闡述與現代教育予以論述，以探《魯冰花》所關切的主題意識。

第一節 情感教育與《魯冰花》

　　作家創作作品來自生活中尋求靈感，在面對生活或社會時一連串事件的發生時，作家必有其獨到的意義賦予。他追尋事件發生的緣由，尋找人物與事件的關聯性，觀察社會現實與永恆法則之間的關係，而非只是在作品中摹寫或記錄現實。於是作品的思想和情節的安排必為表達此一意義而存在。〔註6〕

　　鍾肇政在《魯冰花》小說中所欲揭示的教育意義何在？吾人認為小說不應只是從現象層摹寫現實，作家自有其本質層之關注的焦點，並賦於這些焦點有別於過往之意義與解釋。《魯冰花》確實是記錄鍾肇政教育理念之作，藉由小說人物的現實摹寫，要讓讀者的眼光與心靈之眼穿透小說中的結構，而直指問題核心。那麼鍾肇政眼中所見證的時代教育如何？他又如何詮釋那個年代呢？以下先就情感教育的理念、《魯冰花》中的情感教育，以及現代教育環境中的情感教育加以闡述。

一、情感教育的理念

　　人是具有豐富情感活動的生命個體，充滿著各種可能性。若要提昇人的素質，就需要提昇人的情感質量，而教育是一個切入點，也是一個媒介。因此，「情感」也就必然地與教育產生聯繫。教育活動如果只注重傳授知識和技能，忽視人的情感需求和精神成長，就是忽略生命本是活生生的存在。聯合國教育科學及文化組織（UNESCO）曾在《學會生存──教育世界的今天和明天》一書中指出：「教育的一個特定目的就是要培養感情方面的品質，特別是在人和人的關係中的感情品質。」〔註7〕由此可知，情感教育在教育議題中的重要性。

（一）情感教育的意涵

　　情感（affect）是指「感覺」與「情緒」。具體而言，情感是用來形容對個體最具支配力之情緒狀態，特別用來形容我們辨認他人的感覺時產生之相關情緒。〔註8〕

〔註6〕龔鵬程：《文學散步》（臺北：漢光文化事業有限公司，1993年），頁137～139。
〔註7〕聯合國教科文組織國際教育發展委員會編、華東師範大學比較教育研究所譯：《學會生存──教育世界的今天和明天》（北京：教育科學出版社，1996年），頁1。
〔註8〕黃月霞：《情感教育與發展性輔導》（臺北：五南圖書出版有限公司，1989年），頁53。

情感教育（Affective Education）是什麼？〔註9〕從教育的觀點來看，通常將 affective education 譯為「情意教育」，它強調情緒、感覺（感情）、價值、意志、態度、興趣等學習的重要，其目的是發展學習動機與興趣、自我概念、人際關係，使學生對自己、教師、同學、學校等有正向態度，進而影響其學習行為，提昇學術成就與心理健康。〔註10〕

（二）情感教育的目的

情感教育是個體發展和社會進步的基礎，它要求教育活動既重視學生認知能力的發展，又關注學生情意能力的質量。塑造靈魂、健全情感、完善人格、培育精神，這便是情感教育的目標指向和價值追求。2003 年在英國沃里克大學國際教育研討會上，各國教育專家達成這樣的共識：「情感教育是教育過程的一部分，它關注學生的態度、情感以及情緒。包括關注學生的個人發展和社會發展以及他們的自尊，關注每個學生能夠感到身心愉悅，更為重要的是關注他們與別人之間關係的效果，人際關係和社會技能是情感教育的核心。」如果不建立這樣一種以人為本的教育觀念，即便教育不再為了「應試」，仍然是缺乏人文精神，也是違背教育真諦。吾人認為知識教育讓人更加睿智，情感教育讓人更加完整；知識教育可以造就人，情感教育可以拯救人。

二、《魯冰花》中的情感教育

小說若能藉由情節來刻畫「情」的至性及感染力，必能引發讀者共鳴，協助兒童在成長過程中獲得潛移默化的影響。以下就「姊弟情深、父子情重、師生情緣及同儕情義」等四段分析《魯冰花》書中所展現的情感教育。

（一）姊弟情深

鍾肇政在《魯冰花》書中，描繪出古家及林家手足之情，由以下敘述及

〔註9〕 學者專家對此概念有不同的界定，如：捨若等學者（Shertzer & Stone, 1981）認為情感教育就是心理教育；波盆等學者（Poppen & Thompson, 1974）認為情感學習、計劃性心理教育、心理健康教育都是相類似的名詞。這三者的方向皆強調，利用教室學習活動幫助學生有效利用他們的能力，以應付日常生活；艾威等學者（Ivey & Alschuler, 1974）認為它是相當新的領域，然而有些學者認為它只不過是「班級輔導」的復興而已。見黃月霞：《情感教育與發展性輔導》，頁 53～54。

〔註10〕 黃月霞：《情感教育與發展性輔導》，頁 53。

關懷，即能明瞭書中兩家姊弟之情深，更深刻表現出傳統觀念中，兄姊一肩扛起照料家中弟妹的家庭倫理，亦爲手足之情的寫照，可謂情深意切。

1、林家姊弟

「我弟弟的呢？他一定也……」

「林老師很擔心是不是？」

「我……是啊。不擔心我還要來看嗎？」〔註11〕

雪芬呢？她當然也很希望弟弟能夠代表三年級參加比賽。〔註12〕

誰說？他比你好不了多少的，只要你努力一下，馬上就趕得上他。

你不是樣樣都第一的嗎？〔註13〕

在鍾肇政筆下，林雪芬不但是林志鴻的師長，更是位好姊姊，隨時關心著弟弟的成長。從她關切的心情中看出姊弟情深溢於言表，此乃同於血緣的手足情愫之自然流露與表現。

2、古家姊弟

古茶妹話雖很嚴屬，但眼光卻正好相反──充滿對弟弟的愛惜。她擔心著弟弟是不是能夠選上。〔註14〕

茶妹看了一下教室內，心裏卜卜地跳個不停，弟弟竟也點上了，這是她最興奮的事。〔註15〕

我要把牛奶帶回來給小弟喝。老師說病人要多吃營養才能好。〔註16〕

單單想到小弟那嘖著嘴啜飲的樣子，茶妹就禁不住喜悅湧上心頭。

〔註17〕

另外還有一樁更使她高興的事。那就是今天圖畫訓練時，郭老師大大地誇獎了阿明的畫。〔註18〕

茶妹拼命地替弟弟辯護，她告訴爸爸郭老師怎樣誇讚，雪芬老師如

〔註11〕鍾肇政：《魯冰花》（臺北：遠景事業出版公司，1979 年），頁 60。

〔註12〕同前註，頁 95。

〔註13〕同前註，頁 97。

〔註14〕同前註，頁 10。

〔註15〕同前註，頁 14。

〔註16〕同前註，頁 34。

〔註17〕同前註，頁 47。

〔註18〕同前註。

> 何稱許。可是爸爸還是笑著，不肯相信阿明是個天才。晚上上床後，
> 茶妹還傷心得偷偷地流了一陣子淚水。〔註19〕

古茶妹及古阿明皆對小弟阿生充滿關愛之情，兩人在小弟阿生生病之際，搶著留下牛奶帶回家給小弟喝，古茶妹甚至為了成全弟弟古阿明而放棄最愛的繪畫訓練，回家幫忙母親；在古阿明美術選拔落選後，她毫無怨言、心甘情願讓心情低落的弟弟搥打，仍一心一意想保護弟弟心愛的蠟筆，希望能拾回弟弟對繪畫的初衷。由此可看出鍾肇政藉由《魯冰花》傳達出兄友弟恭、姊弟情深手足之愛的觀念，更值得現代家庭及教育工作者重視。

（二）父子情重

不論在古家或林家、貧者或富者，中國傳統特殊的父子或父女關係，在《魯冰花》書中展露無遺。

1、富裕權威的林家

> 志鴻是林長壽的單丁獨子。也許從小父母溺愛，風啦雨啦，對小小的天氣變化，母親就要迫他添衣，還有一些魚肝油、維他命丸等也迫他吃了不少。〔註20〕

> 在林長壽的眼光裏，志鴻的畫的確很漂亮，不管畫什麼，都很像，很美妙。〔註21〕

> 我爸爸是個專橫的父親。他把我的生命都要掌握在手裏。他在我還是個小女孩時就常常告訴我，要把我嫁給一個大學畢業的，而且比家裏更有錢的人。不但對我這樣說，就是我母親，親戚們，也常常這麼說。〔註22〕

換個角度而言，由此段之描述，吾人亦能發現經隱藏在富裕權威之下的父子關係，亦有其柔情的一面。其對子女的溺愛及期許似乎更高於一般家庭，無疑讓生長在富裕環境下的子女，需要面對不為外人所知的壓力與期待，其未來似乎也掌控在長輩的手裡，是幸福？是悲哀？冷暖自知。

〔註19〕鍾肇政：《魯冰花》，頁125。
〔註20〕同前註，頁93。
〔註21〕同前註，頁94。
〔註22〕同前註，頁110。

2、貧窮無助的古家

> 他看著垂頭喪氣的兒子的背影，不由地落入沉思。其實說晚回，也
> 不過遲半個鐘頭或一個鐘頭不到。孩子們既然喜歡，爲什麼不讓他
> 們去呢？我也許太嚴了些，他們母親忙是事實，但是啊，十二三歲
> 的女孩到底能幫些什麼呢？最多也不過餵餵豬和雞鴨，掃掃地，此
> 外就是替小弟阿生洗洗澡了。也許，我是太嚴，太無情……〔註23〕
>
> 古石松眞想再訓斥一頓，可是他忍住了。既然那麼喜歡，就縱容他
> 一點吧，他暗忖著。〔註24〕
>
> 古石松一句話也還不出嘴。他已親眼看過一個剛滿周歲的兒子死
> 去。那時，他是爲了老母，不得不狠著心。這回呢？只爲了那愚蠢
> 的宿命觀——「生死有命」。在他，什麼都是「命」，賺錢要命，貧
> 富也是命，一切都「命」。〔註25〕
>
> 他在開始懊悔了。唉……就是再苦些，也……。以爲是受了點涼，
> 沒什麼關係，其實還不是爲了那筆壓得他透不過氣來的債？〔註26〕

在中國傳統的父權觀念中，父親總是扮演著威權、嚴肅、堅強的形象，望子
成龍，不假詞色，但在威權、嚴肅、堅強的背後，父親仍有其慈祥的一面。
筆者認爲這是傳統與環境所營造出嚴父慈母的刻板形象。在鍾肇政筆下，這
樣的傳統形象依舊存在，對於背後的推手——慈母的描述往往是輕描淡寫，
這應該是鍾肇政刻意藉由林長壽的權威性與古石松的宿命觀，突顯父親在家
中的地位，進而影響孩子的未來。他們關心的方式或許有不同，但對於孩子
的情與愛卻超越富裕與貧窮，給予孩子們滿滿的親情。

（三）師生情緣

在《魯冰花》書中，鍾肇政藉由郭雲天老師對學生古阿明的關懷照顧，
點出身爲教育者的核心特質——教育愛，其不忘塑造出亦師亦友的師生情
懷，一種建構理想老師的憨厚質地，只爲教育，不爲其他因素而從事教學，
在現今的教育環境中，更值得珍視。

〔註23〕鍾肇政：《魯冰花》，頁30。
〔註24〕同前註，頁33。
〔註25〕同前註，頁214。
〔註26〕同前註。

1、古阿明與老師

古阿明的學業成就表現中等，在因緣際會之下，獲得郭雲天的青睞疼惜，以及林雪芬的關心照顧，在此，足以彰顯教師有教無類的偉大胸襟，而郭雲天的慧眼獨具堪稱爲古阿明的伯樂。藉此可看出教育工作者培育人才、惜才愛才的苦心，爲人師表能有此胸襟，在今日社會彌足珍貴。

2、古茶妹與老師

古茶妹是位品學兼優、善解人意、恭謙有禮的好學生，自然獲得郭雲天與林雪芬的肯定信任，鍾肇政甚至在小說的尾聲中，以郭雲天對古茶妓的安慰與關懷，留下令人無限惆悵、聞之鼻酸的結局。在最後一刻，郭雲天仍舊不忘身爲教師的責任，與古家姊弟發展出感人至深的師生情誼。

3、林志鴻與老師

林志鴻因其特殊身份，獲得師長特別關愛，因此，當郭雲天對他表露出不肯定時，已造成林志鴻心靈上的傷害，鍾肇政巧妙運用林志鴻做爲郭雲天與林雪芬之間的媒介，讓兩人之間因爲郭雲天與林志鴻師生問題，製造更多的話題。雖然，郭雲天並不肯定，也不欣賞林志鴻的畫作，但是，透過林雪芬的提醒，他仍然不忘在言語上鼓勵林志鴻。

> 郭雲天不太懂得兒童心裏，但此刻看了林志鴻這樣子，禁不住油然起了同情心。他想到如果再不給林志鴻適當的鼓勵，那麼後果是極堪憂慮的。〔註27〕
>
> 老師很高興你這樣熱心練習，這幾天你已經很有進步了，非常了不起。老師相信以後你會進步得更快的。〔註28〕
>
> 「老師。」林志鴻舉起臉，萬分迫切地問：「我趕得上古阿明嗎？」
>
> 這話使郭雲天心中一愣。他故意不提到古阿明，卻不料讓林志鴻給先提出來。原來這孩子的心中就只有一件事：趕上古阿明，擊敗古阿明。
>
> 「當然！」郭雲天拍拍林志鴻的肩，十分肯定地回答：「他並不比你強多少，當然能夠趕上。你這樣認真練習，老師相信很快就會比古阿明強的。」〔註29〕

〔註27〕鍾肇政：《魯冰花》，頁104。
〔註28〕同前註，頁105。
〔註29〕同前註。

西方的國民教育之父——斐斯塔洛齊（J.H.Pestalozzi，1744～1827），一生奉獻於教育，他滿懷悲憫，於 1775 年在瑞士新莊（New Hof）設立貧民學校，特地給予兩種人受教的機會：窮困不堪且繳不起學費的學生，以及頑劣過度而沒有老師願意教的「壞學生」。在斐斯塔洛齊的墓誌銘上刻著："everything for others, nothing for himself."（一切為學生，不為自己）。本研究發現《魯冰花》之所以能歷經時間的考驗而熠熠發光，是因為其與斐斯塔洛齊相似，具有一個共同的核心價值——教育愛。

另外，筆者認為如果讓兒童產生自卑感，想要克服就十分困難，身為教師更該善用語言藝術與學生溝通，讓學生有足夠的能力面對挫折及解決問題。愛是尊重兒童的本性，是自然的發展與成長，而不是壓抑或強制的訓練；但也不是無微不至的照顧。若讓學生產生懼怕情緒，有時會使兒童變得退縮，有時會造成反叛或暴力傾向，「懼怕」（dread）對一個人的待人處事往往造成嚴重的障礙，不敢與人交往，甚至導致人格異常。〔註30〕對付懼怕最好的方法就是以兒童為中心的教育，讓兒童自由，不強制他、不威脅他，任其自動自發，無論在課業上、為人處事、品格、人際關係或性教育上，都不予強制，不作單向灌輸，教師或父母所作的指導是引發、解釋及協助其避免危險。

（四）同儕情誼

在今日霸凌（Bully）頻傳的校園中，反觀《魯冰花》書中的校園環境，兒童間並不因為美術選手的選拔而產生糾紛，反而是成人間為此引起權力鬥爭。鍾肇政在書中營造的校園倫理——友善校園，是值得正如火如荼推動友善校園的教育當局所重視。

1、代表選拔

美術比賽代表選拔的結果雖然由林志鴻代表參加，但古阿明並沒有因此對林志鴻產生怨懟，更沒有報復心態，只是默默承受這樣的結果，藉著折斷心愛的蠟筆宣洩情緒。林志鴻在選拔過程中，也曾懼怕自己的失格，他的恐懼、自卑心，在郭雲天對古阿明的肯定與讚美之下，反而一一顯現。不過，這兩位善良的學生不因此結下樑子，反而在古阿明病危時，展現同儕的情誼。

〔註30〕鄭石岩：《心理分析與教育》（臺北：遠流出版公司，1993 年），頁 82。

2、同學病危

在古阿明病危之際，班上同學發揮同學愛，除了慷慨樂捐，也集體探望古阿明，讓病危的古阿明感受到同學們暖暖的友誼。

> 升旗典禮完後，林雪芬老師向全班同學場告古阿明同學患病生命垂危的消息，並表示馬上要去看他，願意去的同學可以一起前往。同學們異口同聲說要去。雪芬老師還接受一位同學的建議，暫時解散，三十分鐘後再集合同往，以便讓街上和近郊的同學回家去取零用錢，捐出來做為慰問金。〔註31〕

> 同學們的捐款一共有三百元。大家便在老師引率下來到泉水村古阿明同學家。林老師和級長林志鴻兩人先進屋，其餘五十幾個同學在禾埕上等候。〔註32〕

> 「同學們都來看你。大家多麼希望你快好啊！」林雪芬又說。

> 「真的，在哪兒？」

> 阿明的聲音顯然高了不少，眼睛也發出了光彩，很興奮的樣子。

> 〔註33〕

> 這時同學們連來了五六個，小小的房間馬上擁擠起來。他們一個個挨近叫古阿明，拉拉手，說希望你快好就退出，讓另一批同學進來。

> 林老師好像吩咐好了，沒有一個人多說一句話，多耽一會。〔註34〕

吾人認為人在求學階段，歷經國小、國中、高中職、大學，甚至研究所，在這漫長的學校生活中，同學間的情誼更顯得格外重要，如何讓同儕間建立友善的關係，學習尊重他人及團結合作，創造校園的和諧，更值得省思。

三、現代教育環境中的情感教育

教育活動是師生進行生命體驗的過程，引起研究者頗多感觸的案例，有弒親案、弒兄案、弒儕案，還有 1998 年某大學研究生利用所學專業知識殺害情敵一事，這些人不乏都是所謂的「資優生」。我們不禁要問：他們為什麼年

〔註31〕鍾肇政：《魯冰花》，頁 215。
〔註32〕同前註。
〔註33〕同前註，頁 217。
〔註34〕同前註。

紀輕輕卻這樣冷酷無情，不說對社會、對國家的熱愛之情，就連起碼的親情、友情也蕩然無存？試想，假如他們熱愛生命、熱愛生活，只要有一點發自內心對親人、對友人的愛，就不會走上犯罪道路。

歷經十餘年的教育改革，我們發現問題仍然存在，良好的智力發展需要健康的情感來保駕護航。兒童階段是情感教育的最好時機，腦科學家發現，情感與智力發育的大腦皮質（Cerebral Cortex）有密切聯繫，兩者的聯繫在孩子一歲左右時迅速形成，之後不斷的情緒體驗會定性這種聯繫通道，進而養成穩定的習慣，兒童形成良好的習慣，必須有良好的情感教育奠定基礎。

兒童在成長中可能遇到許多問題，例如任性、攻擊性強、孤僻、霸道等，都與情感發育不良有很大關係，成人要像重視兒童智力發育一樣，亦要重視兒童的情感教育。兒童都曾體驗人類的各種情感：快樂、高興、喜悅、悲傷等，但不能準確表述，需要成人耐心指點，這樣他未來才能清楚描述自己和他人的情感，為他進一步的情感發育奠定基礎。兒童對父母情感的需要是其他人所不能代替，若不能落實家庭情感教育，容易使兒童形成自私、冷漠等不良情感。因為，缺乏愛的教育會延誤兒童的情感發展。一個連為自己付出辛勞的家人都不知道尊重、感恩和回報的人，怎麼培養健全人格、優異品格呢？情感教育重於知識傳授，更需要家長、師長等付出心力。教育兒童最重視「細微處見精神」，家長或師長的一個動作、一個眼神、一句話語都會對兒童幼小的心靈產生極大的影響。

綜上所述，五十年前的臺灣教育環境與政策中，情感教育理念尚未受到重視，鍾肇政《魯冰花》深刻描繪出姊弟情深、父子情重、師生情緣及同儕情誼的情感教育之因子，不禁令人佩服鍾肇政的洞燭先機。因此，筆者認為鍾肇政的《魯冰花》具有教育意涵的文學性，五十載悠悠而過依舊能藉由文學影響教育，讓教育工作者或施教者能藉由書中教育議題的激盪而教育當今的學童，這應是《魯冰花》所欲表達的主題意識之一，從而激盪出情感教育的關照層面與應予正視的重要性與迫切性，而能為大眾所重視，引發討論久久不息。

第二節　生命教育與《魯冰花》

生命教育是一套教育系統，它和生命本身有相同的目標：在心靈與心智、

身體與精神各個層面上逐漸進步，成為比較有效率、平衡、成熟、快樂、和諧的人。學習的歷程應該根植於生命本身，也因此，不論對老師或是對學生而言，教育應該讓每一天的生活都覺得新鮮與驚喜。如果教育工作者能真正享受自己所教的內容，並在學生身上激發相同的愉悅，就已經掌握「生命教育」系統一個核心重點。

鍾肇政在《魯冰花》中所要傳達的第二個教育激盪的主題即是生命教育，而生命教育意義何在？他是如何詮釋那個年代呢？以下就生命教育的理念、《魯冰花》中的生命教育，以及現代教育環境中的生命教育三個子題加以論述。

一、生命教育的理念

自古以來東西哲人在其著作與生活中，不斷地探究如下的問題：人從何而來？為何而生？死後往何處去？活著的意義是什麼？人的價值何在？人在追求什麼？這一連串的問題正是永無止境的生命課題，也是教育要探尋的核心議題。鄭石岩指出：「生命教育就是教一個人如何去歡喜、感受、愛惜、分享，生命是美好的，不論從事何種行業，只要對生命有深刻的體驗，自有不同的生命意義與價值，讓讚賞、讚嘆、珍惜、喜歡生活，孩子得到身教，會找到生命中的自我——是生命的意義。」〔註35〕以下試以多元智慧（Multiple Intelligence, MI）〔註36〕觀，探討生命教育的意涵及目的。

（一）生命教育的意涵

生命教育（Life Education）的意涵，可從以下學者專家的界定中，知其梗概。

吳武雄認為：「生命教育即在引領學生瞭解人生的意義、價值，進而珍愛生命，尊重自己、他人、環境及自然，並使自我潛能充分發展，貢獻人權，以過積極而有意義的人生。」〔註37〕

〔註35〕 鄭石岩：〈一起來重視生命教育——探討 e 世紀的生命觀〉教育部生命教育學習網 http://life.edu.tw，2011 年 1 月 10。

〔註36〕 美國哈佛大學心理學家 Gardner（1983）在《心靈的架構：多元智慧理論》（Frames of Mind：The Theory of Multiple Intelligence）中提出多元智慧理論，有：語文、邏輯——數學、音樂、空間、肢體——動覺、人際和內省智慧，1995 年 Gardner 再增加自然觀察智慧，受到教育和心理學界的重視。

〔註37〕 吳武雄：〈推展生命教育回歸教育本質〉教育部生命教育學習網 http://life.edu.tw，2011 年 1 月 10 日。

關瀅芬：「『生命教育』是一種有關認知的全人教育，其內容為研究生命的發端、過程與終結；其範圍則為探索個人與環境的種種關係，包含人與自己、人與他人、人與社會、人與自然等範疇；其作用則是促進「形而上」與「形而下」兩方面的均衡發展。」〔註38〕

羅淑娟認為：「生命教育是藉由教育的過程引導學生認識生命的真相、意義與價值，規劃正確而長遠的生命目標，培養正面積極的人生觀，進而化為具體行動：肯定自我、珍惜生命、愛護生命、善用生命、尊重他人、關懷大地。」〔註39〕

綜觀以上學者專家的論點，本節試從多元智慧的觀點審之，認為生命教育應該是發展個人潛能，讓生活、生存、生計和生涯，更具有活力、價值與色彩之歷程。換言之，生命教育在於彰顯生命的意義，教導人們正確、積極的人生觀，讓每個人的生命皆有尊嚴，愛惜生命、熱愛生命，以及為生命付出。

（二）生命教育的目的

生命教育的目的，可從教育部的具體目標與學者吳武雄的觀點，知其大要。

教育部所訂具體目標有如下六項：

1、鼓勵學生探討生命的意義、目的與理想。

2、落實「德、智、體、群、美」五育均衡的教育目標。

3、培養學生道德判斷的能力。

4、幫助學生在生活中實踐道德倫理。

5、提昇學生的情緒智商、解決問題的能力及與他人相處的能力。

6、開展多元學習環境，協助學生發展各種智慧與潛能。

吳武雄認為生命教育的目的有如下四項：

1、輔導學生能認識自己，建立自信，進而實現自我。

2、增進學生人際溝通技巧，加強人與人和諧相處的能力。

〔註38〕關瀅芬：〈從《論語》中孔子的生命觀論現代生命教育〉，收錄於《中山人文思想與中小學教育學術研討會論文集》，2006年。

〔註39〕羅淑娟：《生命教育融入高職國文科教學行動研究》（高雄：中山大學中國文學系碩士在職專班，2006年），頁5。

　　3、鼓勵學生接觸大自然，體驗多元生命型態。

　　4、協助學生探索生命的意義，提昇對生命的尊重與關懷。〔註40〕

綜言之，本文從多元智慧的觀點，認為生命教育的目的在於激發個人正向積極的潛能，引導正確的生命價值觀，力求天地人我和諧之自我實現。因為人心具有可塑性，教育才能發揮功效，才有價值與意義。教育即在教育人心，人心可獲得學習與研究方向、獲得知識與修養，可指導行為的正常發展與表現，幫助人生享有幸福。生命教育一方面在教育人的心靈，另一方面在指導人的言行，是對生命的發展及關懷的教育，因而我們可以說，凡與生命有關的一切都包含在生命教育的範圍之內。〔註41〕

　　孟子曰：「萬物皆備於我矣。反身而誠，樂莫大焉。」（《孟子‧盡心上》）凡所有與我的生命有關的一切萬物均包涵在我所規劃的「生命教育」之中。生命教育是一種身、心、靈三元合一的整體性教育，經由這個整體性教育，個人學得統整「我的生命」和人、時、地、事、物等五個條件的排比與歸納，進而妥善地處理人的生存、人的生活、人的事業、人的成就以及人的死亡等議題。

二、《魯冰花》中的生命教育

　　湯志民認為：「生命教育是教育最核心的議題，教育的本質即在於豐富與提昇人的生命意義與價值。」〔註42〕就教育最內在本質而言，開展每一個人的生命乃其最根本的目的，亦即引導並幫助每一個點燃生命之火，進而拓展生命能量，讓生命之花淋漓盡致的綻開。因此，羅文基提出：「教育最原始的意義即在探尋生命的學問，推展『生命教育』，事實上，只是希望將被扭曲的教育回歸其原有的本質。」〔註43〕以下就《魯冰花》故事情節，探討生命教育課題。

　　一個人最重要的是「生命意志」（Survival will），也就是追求生命自我實現的意志。人生在世，應追求能存活下來的可能，讓自己能生存，因為生存

〔註40〕吳武雄：〈推展生命教育回歸教育本質〉。

〔註41〕黃培鈺：《生命教育通論》（臺北：新文京開發出版有限公司，2002 年），頁 8。

〔註42〕湯志民：〈生命教育：多元智慧觀〉，收錄於黃政傑、江惠真主編：《人是什麼——生命教育》（臺北：教育部中部辦公室，2009 年），頁 199。

〔註43〕羅文基：〈新世紀的教改議題——生命教育〉，《翰林文教雜誌》第十七期，2001 年，頁 6～7。

具有重大意義，人就是因存在世界上，才能創造一番事業。〔註 44〕「生命意志」的內涵尚包括：精神內涵及生活之促進，其有最高的價值，因此，不能傷害生命，還要幫助生命。熱愛生命、珍惜生命的人，不管對動物或植物都是抱持著悲天憫人的胸襟。在《魯冰花》書中，古阿明對小貓咪的照顧與疼惜，甚至三番兩次解救小貓咪的性命；另外，古阿明病危之際，對自己生命仍然充滿希望，從以下對話即能感受到古阿明對生命的熱愛，進而愛惜身旁的動物。

（一）人與人的關係

「老師……我會好嗎？」

「怎麼不會？打了針吃了藥，一定會好的。你吃了嗎？」

「吃了。」

「對啦。你就會好的，而且很快的。那時候我們到冬瓜山去寫生，還有齋明堂。」

「真好哇。我那張畫呢？」

「寄去外國的嗎？消息就會來了。你一定是冠軍，全世界的冠軍。」

阿明嘴角泛上了絲絲慘然的笑。〔註45〕

按照自然生命的表現，人有生老病死。這種自然的定律一直循環著，人是生物的一種，自然逃不過這一規律。文天祥在〈正氣歌〉說：「人生自古誰無死，留取丹心照汗青。」說明人必會死亡，不過，他認為死亡應有其意義。我國教育學者張春興表示：「以美國人本主義心理學家馬斯洛（Maslow，1908～1970）的需求層次論〔註46〕（hierarchy of needs theory）而言，當低層次需求滿足後，高層次的需求才會顯出其重要性。」〔註47〕書中的古阿明並不想死，從古阿明與林雪芬的對話中，透露出他仍懷有堅強的求生意志力，正因為林雪芬正向鼓勵的言語，讓古阿明燃起一絲絲希望，甚至，掛念著那幅送到國

〔註44〕詹棟樑：《生命教育》（臺北：師大書苑有限公司，2004 年），頁 202。

〔註45〕鍾肇政：《魯冰花》，頁 216。

〔註46〕馬斯洛的需求層次論分為生理需求、安全需求、愛與隸屬需求、尊重需求及自我實現需求。

〔註47〕張春興：《心理學概要》（臺北：臺灣東華書局股份有限公司，1989 年），頁 232～233。

外參展的畫作。古阿明生命隕落的意涵，則是鍾肇政所留下的伏筆，藉由《魯冰花》單純的故事情節、鮮明的人物個性、嚴謹的敘事結構，留給社會與教育界更多深思的空間。

（二）人與萬物的關係

「小貓。」他輕輕地向小貓耳語：「你要快些長大呵，老鼠真可恨，你快長大起來，把牠們捉光，保護可愛的小雞們……我今天帶一些牛奶回來給你喝，快長大呵，懂了嗎？」〔註48〕

阿明只愛他那隻小貓。用錢來衡量一條生命的價值，在他簡直是不可思議的。〔註49〕

阿明伸手接過來。沒錯，是他的小貓。他把牠緊緊地摟住。不要怕，小貓，我會保護你，絕不讓你受到傷害，我要使你安全，永遠安全……阿明反反覆覆地在心中說著。〔註50〕

小貓，小貓那裏去了呢？他放下書包就開始找。〔註51〕

在薄暮般暗下來的天地間，時時閃出電光，雷聲一陣接一陣地響著。可是阿明還是管不了這些，佔據他整個意識的，只有小貓而已。

〔註52〕

他必需把貓捉住，抱回家裏，灌烏糖水給牠吃。非救活牠不可。

〔註53〕

《魯冰花》一書中，對於古阿明與小貓之間有深刻的描述。古阿明愛小貓甚於自己的生命，他陪小貓玩耍、說話、睡覺。當小貓誤食毒藥時，古阿明猶如熱鍋上的螞蟻，想盡辦法要救活生病的小貓，最後，甚至因為小貓而付出慘重的代價。鍾肇政在人與萬物的感情刻畫中，細膩描繪出兒童對動物的情誼，由此反射到現實世界中，可知人與萬物有著密不可分的共存關係。

在馬斯洛需求層次中，人類為達到「自我實現」而奮鬥，從最低層次的

〔註48〕鍾肇政：《魯冰花》，頁53。
〔註49〕同前註，頁73。
〔註50〕同前註，頁75。
〔註51〕同前註，頁205。
〔註52〕同前註，頁209。
〔註53〕同前註，頁210。

生理需求（Physiological needs）、安全需求（Safety needs）、愛與隸屬需求（Love and belongingness needs）、尊重需求（Esteem needs），到最高層次的自我實現需求（Self-actualization needs）。〔註54〕我們看到：古阿明短暫的十年生命中，可用馬斯洛的需求層次論論之。雖然，在古阿明的生命過程中，並無法得知自己受到肯定，不過，研究者認爲這是鍾肇政欲以「遺憾的悲劇」扣住主題，引發更多人的省思，若論起書中另一位陪襯角色——林志鴻而言，古阿明是幸福的，因爲，古阿明可以勇敢爲自己而活，朝著自己的興趣而努力，反觀林志鴻呢？他只能活在大人權力的鬥爭之下，他的命運是受制他人的安排，相信這也應不是他自己想要的生活。

綜上所述，筆者認爲千千萬萬的人們在自我利益優先的原則下，主體匱乏生命的眞情，形成爾虞我詐之情境，「與人爲善」的生命熱情卻很難點起火苗，最後只有落得空留遺憾在人間。

三、現代教育環境中的生命教育

1997 年 5 月 18 日抗癌小勇士周大觀（1987～1997）不敵病魔過世，但他熱愛生命的精神與毅力，一直存在世人心中。周大觀生長在一個幸福快樂的家庭，從小聰明、成熟、勇敢，常將生活體驗訴諸文字。1996 年周大觀被診斷出罹患亞性橫紋肌癌，歷經兩次開刀清除癌細胞、十二次化療、三十次鈷六十照射治療，以及截肢手術，爲了不讓父母擔心，周大觀強忍抽痛，將痛苦化爲文字，在醫院內寫了一篇〈心聲〉而感人肺腑。細菌的啃噬、化療的痛苦、截肢的打擊，都無法改變周大觀珍愛生命的熱枕，病床上的大觀以言語文字、以堅韌樂觀昭告了九歲孩子的生存宣言。〔註55〕

在周大觀二十三歲冥誕（2010 年 10 月 29 日）時，父親周進華宣布他的故事動畫電影「小星星的願望」開拍；導演邱立偉盼此片能代表臺灣角逐奧斯卡獎。當日，前中國青年救國團主任李鍾桂也前來觀禮，她表示，周大觀當年的心願是能獲得救國團青年獎章，但他不符合十八歲的得獎資格，因此救國團爲他特別訂製幼獅獎章，頒發給他。她說，周大觀種了三棵樹給世人：健康、愛和希望，期盼大家能好好照顧自己的身體。周大觀系列叢書出版已

〔註54〕 張春興：《心理學概要》，頁 232～233。
〔註55〕 教育部生命學習網 http://life.edu.tw/homepage/091/subpage_6_main.php?area_header=632，2011 年 1 月 10 日。

達五百萬冊,在一百九十二個國家發行,「周大觀文教基金會」〔註56〕於2010年10月29日再捐出二千冊《我還有一隻腳》給周大觀的母校——大豐國小。

周進華充滿雄心壯志地表示,期待周大觀系列叢書未來能打破《哈利波特》的銷售量。〔註57〕他說:

> 愛子周大觀走了!十歲,正是編織夢想的年齡,縱然走的泰然,但卻短得令人心疼!短得令人不捨!無論如何是談不上立功、立德與立言的,但大觀堅韌的生命、動人的詩句、純潔的心靈,肯定會在大家的關愛中留下不朽的價值。尤其,大觀那清澈的眼神,豈止洞悉病魔對人類肉體的無盡貪婪與考驗,在許多健康的成人和孩子面前,大觀確是一位見證、一個象徵、一段史實,無論生命處於何種情境,活著都該有向死亡拒絕的勇氣,那怕病魔再冷酷、肉體的折磨再痛楚,「我還有一隻腳」就要勇敢的走下去。但願大觀的出現,讓我們懂得互相關愛、讓我們懂得去親近孩子的天地。〔註58〕

2002年、2003年臺北市動物園的大象馬蘭、林旺相繼過世,雖然是動物的自然死亡,但卻引起廣大兒童及青少年的失落與悵然,使教育學者意識到生命教育對學童一生學習歷程的重要性。除此之外,臺灣生命教育的提倡背景與暴力有某些關係,所謂暴力包含兩方面,一是不尊重與傷害他人生命的暴力,另一方面是青少年自我的傷害或自殺;這兩類戕害生命的暴力事件在近幾年來層出不窮,而且年齡層也逐漸下降,以上因素即是國內積極倡導生命教育的主要緣由。

近年來生命教育在我國教育改革潮流中,受到相當程度的重視,成為教育的主軸之一。臺灣生命教育的推動,溯至1998年,由當時的臺灣省教育廳所推動「中等學校生命教育實施計畫」,2000年教育部設立「生命教育委員會」,當時教育部曾志朗部長撰文宣示:「生命教育是教育改革中不可或缺的一環」,且進一步宣佈2001年為「生命教育年」,並結合地方政府、各級學校、民間團體之資源,一系列規劃生命教育推動方案,期盼所有的教師與家長,均能展現教育大愛,培養具備良好人格,並對人感恩、對物珍惜、對事負責

〔註56〕周大觀文教基金會成立於1997年,以熱愛生命、尊重生命為宗旨。每年皆有頒發熱愛生命獎章給符合此宗旨者。

〔註57〕黃慧敏:〈周大觀的故事拍成動畫電影〉,《中央社》,2010年10月29日電子新聞。http://news.cts.com.tw/cna/entertain/201010/201010290596874.html。

〔註58〕周大觀文教基金會 http://www.ta.org.tw/web/a1.html,2011年1月10日。

以及對己悅納之青少年。生命教育可以說是除了「九年一貫課程」與「多元入學方案」以外，另一項重大教育政策。

曾志朗前部長指出：「我們目前教育最急迫要做到的事，是要教導學生對自己與別人尊重，教育改革的列車除了唯智、唯形、唯物的改革心外，還要重視情意調和的教育措施，並從培養學生對生命的尊重開始做起，而生命教育的推動絕對是教育改革最核心的一環。」〔註59〕由此可知，至此教育主管機關已開始重視生命教育的意義、內涵與價值，更進一步在學校中落實生命教育。因為，教育的理想乃在達成發展自我與和諧社會，使個人與社會維繫良好關係。

回顧五十年前的臺灣教育政策中，生命教育之理念尚未萌芽，更不用說成為普遍重視的焦點，鍾肇政的《魯冰花》深刻刻畫出人與他人、人與萬物之間所共同引發的生命教育議題，觸動讀者的心弦，進而探究生命的意義與目的，從中由感性、理性的認知，而至體悟的歷程。

由此觀點，吾人認為鍾肇政的《魯冰花》在教育場域中有其前瞻性，藉由文學型態進而影響教育，尤其是針對國中小學生而言，更容易廣泛引起小讀者的共鳴。不可否認，學校生活與美術教育是這些讀者生活的一部分，鍾肇政輕而易舉引領讀者走進《魯冰花》的生命世界中，讓讀者能設身處地思考生命教育的意涵。出版社亦將《魯冰花》節錄後，編入國小高年級的國語課文中。因為，身為教育工作者，不忘文學對教育具有潛移默化的影響，試圖以古阿明生命的隕落，點出人生的消極與無奈是正常的情緒，但生命價值並不僅止於此無法克服的難題而趨於自我逃避及退縮，反而是鼓動生命的熱情與豪情，在有憾的世界中展現無憾的人生，傳達熱愛生命、珍惜生命的重要性。

第三節　品格教育與《魯冰花》

品格教育屬教育本質之基礎工程，乃兼顧知善、好善與行善之全人教育，其亦是對當代社會文化持恆思辨與反省之動態歷程，故循教育管道，強化具時代意義之品格教育，藉以促進家庭與社會教育之良性循環，確有其必要性

〔註59〕曾志朗：〈生命教育──教改不能遺漏的一環〉，《聯合報》第四版，1999 年 1
　　　月 3 日。

與重要性。然而品格教育不僅在強化個體優質品格面向，增進個人生活幸福，更期奠定公共領域之共識基礎與規範，增強身為現代公民應有之核心價值、行為準則與道德文化素養，使社會邁向良性發展。

鍾肇政在《魯冰花》一書所反映的教育議題亦包含品格教育。品格教育的養成非一朝一夕，但卻是教育工作者所不能忽視之處，作者所欲揭示的品格教育何在？內容為何？他所關心的品格教育又是如何呈現？以下就品格教育的理念、《魯冰花》中的品格教育，以及現代教育環境中的品格教育加以闡述說明。

一、品格教育的理念

隨著時代環境變遷，經濟快速發展，物質生活富裕背後，心靈生活的貧乏空虛，卻也是無法掩蓋的事實。臺灣教育在升學主義的驅使下，以及社會受到功利主義的渲染，加上少數領導階層不良行為，未能以身作則，致使品格教育所寓之風行草偃、典範在人間之教化功能式微，衍生出家庭、校園，以及社會發生諸多不幸事件，甚至違法亂紀之惡行不斷發生，例如：自殺、詐欺、援交、霸凌、暴力、販毒及貪污等等。因此，如何培養健全的品格、樂觀進取的人生觀，便成為教育界與社會眾所關注的議題。以下以此核心價值探討品格教育的意涵及目的。

（一）品格教育的意涵

臺灣現今社會最大的問題，就是價值觀的多元錯亂，任由各自表述或詮釋，沒有建立一致性的價值規範、缺乏評價公眾人物的普世機制，造成社會公平正義不張、中道價值無法建立、是非善惡難以明辨、狂妄自大及拜金思維風氣的氾濫，導致社會風氣貪婪腐敗、道德淪喪。近年的社會環境又正值自由開放與多元鉅變之際，品格教育卻未受到相對的重視，對學生心靈的滋養來說，無異是「屋漏偏逢連夜雨」般的窘境與無奈。品格教育對於提昇個人生活品質與生命價值，以及增進群體永續發展並形塑理想公民社會遠景而言，益加顯得其時代性與重要性。〔註60〕

張春興、林清山認為品格（character）是對人格特質價值的評定。誠如誠

〔註60〕 吳清基：《落實品格教育從核心價值談起》（臺北：財團法人千代文教基金會，2010年），頁1。

實、慷慨、忠勇、仁慈、正直、勤奮等，都是公認的好品格；而懶惰、吝嗇、虛偽、無信、偏見、自私等，都是公認的壞品格。〔註61〕換言之，品格是指個人德性的修養高低，也指個人人格特質的傾向。學校「道德教育」（moral education）的順序應該是先培養個人的「品格」，再要求提升群體的「道德」水準，也就是先從「個人道德」的培養，進而教化至「群體倫理」。所以，品格教育的內容應包含：品德教育、公民教育和品格發展。

（二）品格教育的目的

孩子是國家未來的棟樑，品格是孩子決勝的指標。印度俗諺：「孩子小的時候，給他深根；長大後，給他翅膀。」這「根」就是價值觀，也就是良好品格的養成，進而養成好習慣，俗諺：「習慣成命運」亦是此理。教育是人類品格陶冶與知識增長的重要歷程，也是衡量國家競爭力的重要指標。品格教育的起點在家庭，再擴及學校教育、社會學習。換言之，品格教育的目的即在教導兒童個人品格，同時也在提昇群體的道德水準，其小自個人人品的塑造、薰染，大至群體社會的倫理與互動，包括解決問題的態度、方法，還有學習與他人合作共同完成目標，皆是品格教育的發展歷程。

二、《魯冰花》中的品格教育

「品格」需要教育，不談品格，教育只是填鴨，充其量僅是知識的機器。從學校、家庭至社會，已成為全民共識。事實上，這正反映著全球教育重要的趨勢與議題，因為，今天的教育態度決定著明天的社會品質。在《魯冰花》書中，郭雲天的不趨炎附勢、古茶妹的勤奮負責、古阿明的尊重感恩及班上同學的關懷互助等等，在在顯現出鍾肇政書中所透露出的品格養成，其所形塑的正面人物形象深深值得讀者省思，以下就書中角色形象分析具體之品格行為。

（一）同情心──首要的人性

同情心是人類非常重要的心理品質，俗話說：「同情共感，感同身受，人同此心，心同此理。」中國哲學家孟子所提出「四端」中的惻隱之心，不忍

〔註61〕張春興、林清山：《教育心理學》（臺北：臺灣東華書局股份有限公司，1989年），頁196。

人之心即是此義。培養學生的同情心是教育工作重要的任務，人人都需要同情心，老師也應該具有同情心。教師的同情心具有深層的教育意義，因為，教師的同情心是培育學生同情心重要條件，教師必須運用同情心，打開學生心靈，走進學生生活。

同情心最常見的用法是指對他人的不幸遭遇產生共鳴，當古阿明病危時，同班同學發揮同學愛，盡其所能地協助並關心古阿明，這樣同學之間同情的心，令人動容，也加深同學之間的情誼；另外，師生之間的同情心，也在林志鴻與古阿明身上展露無遺。在書中有段描繪：「郭雲天不太懂得兒童心裏，但此刻看了林志鴻這樣子，禁不住油然起了同情心。他想到如果再不給林志鴻適當的鼓勵，那麼後果是極堪憂慮的。」〔註 62〕另外，郭雲天對古阿明的同情心與賞識，更是發揮教師同情心的最佳表現。

（二）關心——基本的品質

關心就是主動關懷自己以外的對象，包括人、事、物等，藉由幫助他人，使得別人跟自己一樣好，這就是關心。不要有私心就會關心，沒有私心就會關心別人。看到別人有困難、不開心或喪志的時候，主動問候，主動了解別人的困難，適時給予他人幫助，讓他可以更好。書中人與人、人與萬物之間的關心；父子、父女、師生、古阿明與小貓、姊弟、兄弟等彼此的互動，在在突顯出彼此的關心。誠如郭雲天老師不曾以古阿明成績的好壞，或是家境貧窮而對其關心大打折扣，與書中巴結鄉長的二位老師有極大的差異。關心祛除冷漠、關心化解冰心，予人溫暖，才會帶來和煦的陽光。

（三）尊重——和諧的保證

尊重是最基本的道德共識與涵養。人與人之間，民族與民族之間、國家與國家之間最重要的是尊重，沒有尊重就沒有道德，而被人尊重是一種權利，尊重他人是一種美德。書中古家姊弟對師長的尊重是值得學習，校園中恰如其分的尊重是必須的，教育工作中的師生關係，絕不是商場上的服務關係，不存在買賣關係，但其中彼此必要恰如其分的尊重與教導是必要條件，此點應是目前校園倫理所急需努力的目標。

〔註62〕鍾肇政：《魯冰花》，頁 104。

（四）感動──心靈的養分

感動可以讓失望的人找到希望，讓身處逆境的人找到力量，讓行將就木的國家起死回生。「感動」是情感的共鳴、靈魂的震撼、心靈的回應，是一種不可或缺的精神營養。無論出於什麼目的，只要所做的能感動他人，就一定能達到目標。《魯冰花》書中師生之間的情緣與姊弟之間的情深令人動容，若能有時時的感動，適時的讚美，除了教育園丁工作起來格外有勁外，孩童也能懷有感動的心，面對瞬息萬變的社會，學會珍惜擁有、把握當下。

（五）快樂──健康的心境

人生每個階段對快樂有著不同的追求，隨著年歲漸長，我們不斷在追求不同事物，能讓自己快樂的事情也不斷演變。快樂究竟哪裡找？快樂其實存乎一心，端看個人怎麼去看待自己的生活，當一個人不快樂時，其實忘了一件事，那就是人可以有所選擇，自己要選擇什麼樣的生活，快樂的？悲傷的？端看自己怎麼看世界，世界就會是個人所想的樣子。或許可以捫心自問，現在究竟在做什麼？是正向思考讓自己積極跳脫目前困境，還是自怨自艾？當我們認清生命的限制與本質後，過著自覺的生活，就會赫然發現：「快樂，其實不假外求，就在自己身上」。貧窮的古家姊弟，不曾怨天尤人，其樂觀進取，快樂的生活態度值得學習，更是健康心境的來源。

（六）感恩──生活的態度

英國哲學家約翰‧洛克說：「感恩是精神上的一種寶藏。」〔註63〕心裡多一分感恩，生活便少一分抱怨，多一分珍惜，也就多一分幸福。感恩，是一種美德，也是一種生活智慧，它可以讓人的心靈充滿陽光，對生命中每一次擁有都充滿覺知、幸福並感謝所有。一顆感恩的心，就是一顆幸福的種籽；不知感恩的人，心靈缺乏感知幸福的能力，對於生命中每一事件的安排，只看到陰暗面，卻看不到陽光面；只知一味抱怨，一瞬間，就成向下沉淪的墮落引力。所以，幸福首先來自於有感知的能力，而感知則來自於感恩的力量。

〔註63〕約翰‧洛克（John Locke，1632～1704）英國哲學家，提出主權在民說，是英國經驗主義學派的開創者。

　　德國哲學家尼采說：「感恩即是靈魂上的健康。」〔註64〕心存感恩，可以讓人保持積極、樂觀、健康、陽光的心態，世界的美好，就在感恩的心中體現；透過感恩，可以更有動力與勇氣去面對人生中的挫折與不幸，只為了在那之後所展開來的幸福滋味。透過感恩的力量，改變自己的心念；心念改變，也就改變看法；看法改變，就能看到生活細微處的美妙和動人，因為這顆心了解到感恩可以通往幸福。貧窮的古家姊弟除了尊重老師外，更懂得感恩，能體會出郭雲天及林雪芬老師對他們的照顧與關心。

（七）助人——快樂的泉源

　　「助人為快樂之本」是一句永垂不朽，經得起時間考驗的名言。助人是現代人心中急需植入的信念。助人即為如此，不顧回報而奮身助人乃助人的真諦。快樂的泉源就是助人，要讓自己的井有源源不斷的清澈流水，平時即努力累積，別讓源頭枯竭。不為名、不為利而熱忱助人所得的快樂才是最原始的快樂。古阿明與班上同學之間有著互相幫忙的良好品格，此種助人的態度是本質上的善，而非功利導向。

（八）禮節——進步的基石

　　禮是發於人性之自然，發乎情，止乎禮，合於人生之需的行為規範；節是節制、節儉、節操、秩序及身分的表徵，皆有止的含意。人與禽獸的差異在於有無禮節，這也是人類社會祥和的基礎。綜觀今日，講禮、識禮者少，故社會秩序亂象常見，各種摩擦、衝突頻繁發生，人們相處不僅缺乏安全感，甚至有舉目皆敵的危機感。人與人交流感情、事與事維持秩序、國與國保持常態，皆是禮節從中周旋的力量。禮節的作用不容忽視，禮節是不妨礙他人的美德，是恭敬人的善行，也是自己行萬事的通行證，是要通達踐履的。若我們能多點「克己復禮」的功夫，由自己及家庭做起，深信社會會更加安和、有禮節，這應是教育最終的目的。在《魯冰花》書中，師生之間謹守應有的禮節，即使古阿明心中有再多的怒氣，對於師長仍是恭敬有禮，這是師道式微的今日，學子們所應學習與身體力行。

〔註64〕尼采（Nietzsche，1844～1900）德國著名哲學家，西方現代哲學的開創者，同時也是卓越的詩人和散文家。

三、現代教育環境中的品格教育

2006 年「臺灣人的品格」問卷結果發表，民眾驚覺到臺灣「社會道德」和個人「品格」的沉淪已到達危險邊緣。當時，「品格教育推展行動聯盟」〔註65〕隨即發出聲明並呼籲：「教育當局立即行動加強『品格教育』，由學校、社會及個人三方面同時並進，來挽救社會和國家的未來。這幾年在社會及學校，欺詐、性侵、搶劫、霸凌的事件層出不窮，甚至連司法官也出現集體舞弊，令人憂心忡忡。」雖然，教育部目前仍未明定推動品格教育的辦法，但在 98 年至 102 年「品格教育」計畫中，已鼓勵各級學校，共同推動「誠信」等五項核心價值的教授。〔註66〕孔子說：「道之以政，齊之以刑，民免而無恥；道之以德，齊之以禮，有恥且格。」〔註67〕品格的養成就在教育，若能重新重視品格教育，我們的未來仍充滿光明。

回顧五十年來，臺灣教育政策與重點，從早期的道德教育轉型至今日的品格教育，此過程中僅見形式而未見實質意義之落實，然而鍾肇政的《魯冰花》指出現今教育中重要的品格教育議題，進而激勵讀者探究品格教育的意涵與目的。由此觀點，筆者認為鍾肇政的《魯冰花》實具有品格教育的前瞻性與關照教育的核心價值，書中所呈現的品格教育正是目前全球教育界所關注的課題。由此，研究者更能體悟教育與文學之間密不可分的關係，尤其是對於國中小的學生而言，品格教育的養成更是刻不容緩，若藉此書來教育當今的學生應有其醒世覺人之教育功能。因為，《魯冰花》的現實悲劇意識令讀者難以忘懷，若能扣住文學主題之脈絡及蘊涵的教育危機，施以品格教育，勢必能牽動學生的思緒、觸動學生的心靈，進而達到教育與文學潛移默化之功效。

文學藝術作品提供嶄新的訊息，以及給予讀者由情節而感受故事主人翁的情緒外，亦能引發閱讀者語言或道德的直覺，甚至能夠表達抽象式、形而

〔註65〕實踐家政文化教育基金會與千代文教基金會，有感於社會與政治亂象，而號召國內教育團體與民間基金會，組成「品格教育推展行動聯盟」，呼籲社會各界重視「品格教育」。

〔註66〕教育部品德教育資源網 http://ce.naer.edu.tw/hot_news.php，2011 年 1 月 10 日。

〔註67〕出自《論語·為政》。孔子說：用政治領導人民，以刑罰來要求整飭人民，則民眾為苟免刑罰，乃服從政令，然非心服；刑罰稍弛，民則犯法，而不以為羞恥，是為無恥；以道德來教導人民，如人民不從政令者，則以禮來整飭，人民就會以犯罪為恥，而且誠心來歸，擁護政府。見〔宋〕朱熹撰、〔清〕張伯行注、楊家駱主編：《小學集解·四書集注》，頁 4～5。

上的哲學論述所無法精確呈現的哲學見解。事實上，文學與藝術可引發讀者反思自己的道德認知與其他看法，誘使讀者從不同的規範觀點重新評價及衡量自己既有的情意反應，同時可以協助人們體驗並精製其感受的品質，所以說當人們認同作品中角色或情境時，是可能嚮往、接受或抗拒其中某些德行或惡行，因此，也會產生人生理想上的調整與變化。有鑑於此，本文認為品格教育可以透過慎選適當文學藝術作品以培養人品與德行，這應是出版社將《魯冰花》節錄後，編入國小六年級國語課文中的思考因素之一，也是《魯冰花》流傳五十年而為人歌頌、研究不輟的原因之一。

第四節　美術教育與《魯冰花》

如何從浩瀚的環境中，擷取美術教育的內容，轉換成有機的教材，並組織成課程的結構，將是二十一世紀，美術教育課程開發研究上的重要課題：在美術被解放至浩瀚的環境中，進而發展至任何地方，產生不同的藝術內容，而充滿多元、多樣的可能性，所以美術教育是有情有愛的教育。

鍾肇政在《魯冰花》小說中反映的教育議題，最為廣泛討論的即是美術教育，藝術家將「美」訴諸文字、化為圖像，美術教育可激發學生的創造力、培養學生的鑑賞力，教育工作者又該如何教育我們的下一代呢？作者所欲揭示的美術教育何在？內容為何？他所關心的美術教育又是如何呈現？以下就美術教育的理念、《魯冰花》中的美術教育，以及現代教育環境中的美術教育加以闡述說明。

一、美術教育的理念

日治時期（1895～1945），日本人為達到殖民統治的目的，將新式美術教育引入臺灣教育中，其目的在訓練國民具有美術工藝製作的基本能力，是重技巧而無美學的藝術教育內涵。當時臺灣新美術〔註68〕的兩大主流，一為泛

〔註68〕從 1950 年代到 1960 年代，臺灣整個文化、社會的生活面，染上強烈的美國色彩，特別是二次大戰後生長的這一代，因於自己國家一連串挫敗的歷史，極思趕上歐美，一時蔚成現代化的共識。又因西方力量介入的影響，催生臺灣第二次美術革命，這激使戰後新生代開始省思上一代的水墨畫和油畫，並投入當時風行全球的抽象主義潮流，主張繪畫創作要還原到形、色、線等繪畫基本元素的表現，而這個嶄新的理念使得臺灣美術進入到另一個階段；在

印象派，一爲東洋畫，兩者皆強調寫生，也以描繪臺灣風光爲努力的目標，但從觀念到技巧均來自殖民母國日本，東洋畫更指明其來自於日本。新美術的誕生並不是由舊美術蛻變而來，而是一套自成系統的專業技能，泛印象派在臺灣的發展沒有傳統包袱，亦無文化糾葛與現實困境。

二次大戰後的臺灣，由大陸撤退來的新移民與沒有殖民政府的新殖民，兩者成爲臺灣戰後新美術成員的構成要素。新移民爲鞏固其正統地位，特別依戀舊美術，所以，被日本逐走的傳統書畫又再度復甦，相對的當然是東洋畫的沒落。至於泛印象派和美國傳來的抽象表現主義（Abstract Expressionism）相比，也被打成保守落伍的過去式，由於抽象表現比較沒有民族，也沒有土地與人民的「約束」，遂成爲新生代的最佳選擇，對於五、六〇年代的臺灣美術而言，是抽象表現主義狂飆的年代。

西方美術自塞尚（Cezanne，1839～1906）後，經「野獸派」（Fauvism）、「立體派」（Cubism）拆解形色，再經「達達主義」（Dadaism）的無意識及「超現實主義」（Surrealism）的潛意識，再到抽象表現主義（Abstract Expressionism）及「普普藝術」（Pop Art）是逐步遞嬗而來，並非找到某個標竿之後就可以盡情釋放。〔註69〕所以，臺灣早期的抽象藝術，形式的追求遠超過心靈的真實感受，藝術家們關切的不是自我意識及生命主體的「存在」，而是如何進軍國際藝壇登上高峰。

（一）美術教育的意涵

美術是人類特有的精神與物質相結合的活動之一，同時也是個人智慧的一部份，更是一種生活技能。最明顯的是圖象思維能力，在各學術領域中，藉著圖像我們能夠輕易地解決語言表述不清的複雜關係，同時亦可以將空中樓閣的想法以簡單的草圖呈現於眼前。再者，美術與其他學科領域相較，屬於開放性的，並無固定的標準答案，不講求對與錯，而是追求創造性、獨特

這個時期的臺灣美術現代化革命，以追求先進國家的藝術新潮來顛覆既有的傳統。當時不但親美，而且崇美，在臺灣受教育的新生代美術家，決心吸取西方最新的觀念和技法，希望使傳統繪畫脫胎換骨，此風潮中知名的畫家有劉國松、莊喆、蕭勤、夏陽及霍剛等人。見洪麗完、張永楨、李力庸、王昭文編著、高明士主編：《臺灣史》（臺北：五南圖書出版股份有限公司，2006年），頁226～227。

〔註69〕陳繼權：《現代美術鑑賞和理念》（臺北：華杏出版股份有限公司，1996年），頁111、137、161、187、209。

性。若能透過多元文化進行與美術相關活動，學生的思維將更具創意，且能以不同角度欣賞同學之間的作品；思想更具兼容性，能以包容的態度改善人際之間相處的智慧，所以說美術教育能陶冶性情外，更是現代心理學所指的情緒智慧（Emotional Wisdom），若針對創造性而言，美術教育更是典型且有效的教育。

兒童美術教育主要憑藉著發展直觀知覺，通過觀察、體驗、記憶、聯想、創造等一系列活動，調動人的一切感官，讓兒童自己去發現美、感受美、表現美、創造美。兒童美術是綜合性的教育，需要利用多種媒體對兒童進行刺激，使他們產生創作的欲望和衝動，順應兒童自然發展，把知識潛移默化地傳授給他們，幫助他們完善創作所要表達的感受。

（二）美術教育的目的

美術教育是希望兒童以自我向外延伸和接觸新事物來發展自我，並把這些經驗表達於畫作之中。繪畫是整體活動，不只呈現作品本身，還包含學習過程中，兒童情感的表達以及認知發展，因為藝術是透過視覺、觸覺、聽覺、動覺及嗅覺來增強孩子對於外在世界的覺知。兒童美術教育主要目的，在於培養兒童的「創造能力」與「美的情操」；「創造能力」是指兒童為表現他內心深處所潛存的某種心象，透過思考，再運用自己獨特的方法與形式，將這心象明顯地表達出來；「美的情操」是指深蘊在兒童心裡的情感——它能單純地感受並接受美的東西為美，並以真誠的心去愛它們。換言之，美術教育的目的，是在豐碩兒童創造能力與領悟一切美與生命的心境。

二、《魯冰花》中的美術教育

（一）環境背景——第一屆世界兒童畫展

自光復以來，國民教育中的美勞科，僅只是教育的一個手段，不再是目的。其目的是在人的教育。當時，教育工作者已清楚認知美勞教育的目標，是在於企圖影響及形塑兒童更基礎的人格、腦力、感官等，而使其更進一步發展為目的。

教育部於 1968 年再一次修訂課程標準，且加了「暫行」二字。當時臺灣的政局相當穩定，經濟開始起飛，人民的生活已從貧困中掙脫過來，漸漸重視文化生活。首先是現代藝術被人們所接受，臺灣省教育廳在 1966 年 9 月於

臺北縣新莊國小舉辦「第一屆世界兒童畫展」，參加國家遍及亞洲、歐洲、美洲、非洲，是一次很成功的國際兒童畫展，臺灣推行新美育之用心的成績被國際友人所公認，於此獲得證明。等到 1960 至 1970 年代，美術教育的領導權由一批從外國學成歸國的人掌握時，臺灣的美術教育又遠離「透過藝術的教育」而傾向於「視覺的教育」〔註70〕（Visual Education）。

（二）寫實主義與野獸派的拉鋸

《魯冰花》一書藉由林志鴻栩栩如生的畫作代表「寫實派」，以古阿明色彩亮麗、大膽用色的畫作代表「野獸派」；又以徐大木、李金杉、翁秀子、林雪芬、古石松與林長壽等眾人認同「寫實主義」的風格代表一般民眾，僅以郭雲天，乃至後來古茶妹認同古阿明的「野獸派」風格有別於一般民眾認同的「寫實派」。兩種不同的繪畫觀，鋪陳出《魯冰花》一書的結構，鍾肇政在此營造繪畫觀念的「衝突」，進而展開故事情節發展。另外，郭雲天公開與繪畫集訓班學生，分享古阿明迥然不同的畫作風格之教學方式，在教育思想封閉的六〇年代中，美術鑑賞力的養成更彌足珍貴。

鍾肇政曾說：

> 當時國小教育為包班制，其《魯冰花》中對美術教學獨特的看法，
> 曾引起師範大學美術系的驚奇與重視，認為是美術教育的革命性理
> 念。〔註71〕

一場繪畫比賽引爆「天才」與「非天才」的爭議，是教師們對於美術創造力不同的見解。在此爭議中，突顯郭雲天老師憨厚的性格，為理想、為捍衛美術教育的本質勇往直前，頗有「千山我獨行，不必相送。」的道德勇氣。其實，兒童畫不只是畫面中一些可辨識或不可辨識物體的組合而已，它所呈現的是有情感、有內容，且獨一無二的具體物，此點也是鍾肇政要告訴讀者的觀點。色彩對觸覺型〔註72〕（haptic type）的孩子而言，尤其是表現其感情經

〔註70〕以學生對作品的視覺感受為主的教育方式。

〔註71〕高麗敏：〈疼惜與祝福──和鍾肇政先生聊近況、談教育〉《臺灣文學評論》第三卷四期，2003 年 10 月，頁 105～108。

〔註72〕Lowenfeld 與 Brittain（1987）認為藉著兒童所完成的作品以及在創作經驗的態度可以清楚地分辨出兩種不同的發展類型：視覺型與觸覺型。視覺型兒童能以理性客觀的觀察者角度接受外在的訊息，並且能將這樣的視覺經驗轉化表現在他的作品上，而表現出理性正確的空間與透視感；觸覺型兒童經驗外在世界的方式主要透過敏銳易感的心靈，以肌肉感應、運動經驗、接觸的體

驗的重要媒介〔註 73〕，因為，孩子的繪畫作品，反映出真實且獨特的自我，姑且不論寫實主義或是野獸派，他們怎樣看待美術，落實美術教育的課程與理念，應是鍾肇政所期盼，也是《魯冰花》一書要爭取讀者認同的部份。

三、現代教育環境中的美術教育

2003 年教育部增訂「國民中小學九年一貫課程綱要——藝術與人文學習領域」，其學習領域包含視覺藝術、音樂、表演藝術等方面的學習，以啟發學童思考與印證日常生活經驗為主。由此可知，在我國教育改革思潮中，美勞科與音樂科已經合而為一，稱之為「藝術與人文」，美勞科更以「視覺藝術」稱之，這不外乎是教學方式與教學理念的改革，期望能以創思的教學方式啟發學生的創意與靈感。因為，傳統繪畫歷來以傳授技術的方式為主，如教導使用繪畫工具的表現技巧，習慣用一種模式來要求學生如何表現，這種教學方式容易對兒童的創造力產生抑制作用，也不符合美術教育觀點。所以，美術教育的改革是勢在必行，早在 1960 年鍾肇政已在《魯冰花》一書中，傳達自己對美術教育的理念與使命。

研究者發現：臺灣國小藝術與人文的視覺藝術課程，其教學理念、教學課程已改革多年，但教學方式與師資問題卻未完全改善。在國小視覺藝術課程中不乏為非科班教師擔任教學或是透過員生消費合作社，代辦整學期所需要的美術教材，其花樣類似、作法大同小異，學生的任務在將材料依指示圖拼湊後完成作品。這種教學方式失去美術教育該有的主體性，對老師而言，誠然可教得輕鬆愉快，無須為學生的素材和工具煩惱，但卻嚴重抹殺兒童的創造力和好奇心，可見是一種「誤人」的教學方式。孩子原創的作品是值得被鼓勵和讚賞，它來自兒童自發性的思考與操作，原創價值乃在於是獨一無二而非複製，其不但無可取代，並且應符合教育工作者「將孩子帶上來」的理念，比起統一的美術教材，它顯得誠實而珍貴。

驗、自我與外在世界的價值關係體驗，以感性的方式接受，並採取主觀的方式表達，而容易忽略理性客觀的存在。比較這兩種類型兒童的創造心理歷程可以發現：視覺型與觸覺型兒童對於外界訊息的接收及處理方式有著相當大的差異性而呈現出不同的心理特質。見陸雅青：《藝術治療、繪畫詮釋：從美術進入孩子的心靈世界》（臺北：心理出版社有限公司，1993 年），頁 183～187。

〔註73〕陸雅青：《藝術治療、繪畫詮釋：從美術進入孩子的心靈世界》，頁 196。

吾人認為美術教育應該尊重兒童的視覺表達並給予選擇的自由，把兒童從再現和複製自然中解放出來。對原型的忠實複製，絕不是評判藝術作品是否優秀的唯一尺度，它妨礙人進行自由、創造性的表達。兒童繪畫的意圖並不著眼於畫得唯妙唯肖，所以，兒童畫與技巧並無太大關係，也不必要過早、過多灌輸不可能被學童接受的技法知識。身為教育工作者，應該依兒童繪畫心理發展過程，著重兒童的自我表現與群性的培養外，提昇美感認知與鑑賞能力，亦是重要的課題。

學校進行美術教育時應以兒童為主體，教師適時引導兒童創造，給予自由表達、自由探索、自由創作的機會，並依據兒童繪畫的心理特徵與發展，編選各階段的教學目標和內容；且依直觀知覺，發展兒童感官、培養美學意識，利用創意與啟發式教學擴展生活視野、激發兒童創作興趣、培養兒童視覺造型、創造力，以及情感表達能力。

綜觀上述，鍾肇政在《魯冰花》的教育關懷上應是希望學校能落實美術教育，以啟發式的教學方式，引導學生創作，從孩子自由創作中深入其內心世界，誠如 1960 年代的藝術治療〔註74〕（art therapy）儼然已成為被承認的專業，且被視為協助改變一般人人格或生活方式的一種方法。今日臺灣的美術教育，仍是以描繪技術養成訓練為主，忽略美術本質的理解與美感鑑賞能力的提昇，鑑賞能力的提昇，更可彌補十一至十五歲兒童、青少年時所面臨的寫實壓抑期之創作低潮困境，如對描繪技術的訓練沒有很大興趣，也可運用立體造型、設計、抽象構成或美術鑑賞的課程，促使兒童、青少年至成年能延續美術的興趣與創造、想像力的銜接，讓美的種子在每一個人的心裡萌芽，也能獲得一些物質之外的精神糧食。

第五節　創造力教育與《魯冰花》

何以《魯冰花》可以圍繞及激盪著教育的議題？吾人亦觀察到傳統教學法似乎無法幫助一般學生激盪出有創意的心智視野，這是因為傳統教學著重事實，而事實本身是靜態的產物，過度執著於記憶事實，會大大抑阻動態的

〔註74〕藝術治療（art therapy）又稱為藝術心理治療（art psychotherapy），為心理治療的形式之一，乃是以表現性藝術，如音樂、舞蹈、戲劇、詩詞和視覺藝術等媒介來完成心理診斷及治療之科學。見陸雅青：《藝術治療、繪畫詮釋：從美術進入孩子的心靈世界》，頁 18～23。

創造性思維。教育的目的，在於幫助孩子作好準備，踏實地迎向人生；因此教育應該鼓勵孩子從生活中學習，同時以懷疑的態度檢視那些不曾被質疑過而代代相傳、一成不變的知識內容。

《魯冰花》小說反映的教育議題中，最容易被忽略的即是與美術教育息息相關的創造力教育。美術教育可激發學生的創造力，而當代的教育工作者又該如何教育我們的下一代呢？鍾肇政藉由美術教育所揭示的創造力何在？內容為何？他所關心的創造力教育又是如何呈現？以下試就創造力的理念、《魯冰花》中的創造力，以及現代教育環境中的創造力教育加以闡述說明。

一、創造力的理念

董奇認為：「兒童創造力的發展與培養，受到當今世界各國研究者高度重視、廣泛研究的一個重要課題。這不僅因為兒童的創造力是其認知、智慧發展中最重要的一面，與其人格的健康發展密切相關，因為新一代的創造潛力乃是一個國家、民族最寶貴的資源與財富，而創造力是人類區別於動物最根本特性和標誌之一。」〔註75〕目前，培養學生創造思考的能力，已成為各國教育的趨勢，我國要求工業升級、科技發展，根本之計應從教育著手，最重要的是我們教育的方法必須擺脫傳統權威的束縛，提倡創造思考教學，激發學生擴散性思考，培養學生流暢、變通、獨創、精進的能力，以解決所面臨的問題，進而開創教育的新紀元。

根據我國教育學者張春興、林清山在其著作《教育心理學》一書中提出：美國心理學家基爾福特（Guilford）是主張思考為能力的學者，他採取智力結構論（The Structure of Intellect, S.O.I），認為智力是很多種特殊能力的複合體，其中將思考歷程區分聚斂性思考〔註76〕（convergent thinking）和擴散性思考〔註77〕（divergent thinking）兩個概念。擴散性思考雖不等同於創造力，但被視為創造力的潛能或創造思考的主要歷程，可用來預測創造性成果或表現。

基爾福特認為創造力是人類某些特質的組合，這些特質包括：「對問題的

〔註75〕董奇：《兒童創造力發展心理》（臺北：五南圖書出版股份有限公司，1995年），頁1。

〔註76〕聚斂性思考是指針對一個問題尋找一個可接受的最佳答案。見張春興：《心理學概要》，頁94。

〔註77〕擴散性思考指根據既有的訊息生產大量、多樣化的訊息。見張春興：《心理學概要》，頁94。

敏感度、觀念流暢性、觀念新奇性、思考彈性、綜合能力、分析能力、觀念結構的複雜度以及評鑑能力等。」他也認為每個人或多或少都有些創造力，這些個別差異可以被測量出來。〔註78〕受到基爾福特的啟發，後來發展的許多創造力測驗，例如陶倫斯（Torrance）1962 年提出著名「創意思考測驗」（Tests of Creative Thinking），主要就是測量擴散性思考的能力，包括：觀念的流暢性、變通性、獨創性及精密性。

即如前述，陶倫斯於 1962 年提出創意思考測驗，繼之他在 1964 年以未經選擇的小學兒童為對象，分析研究創造與智力兩者間的關係。結果發現創造力最高的兒童未必就是智力最高的兒童，尤其值得注意的是創造力最高的兒童多數只具有中上的智力。〔註79〕換言之，上述這些人都不一定是高智力者，但卻是高創造力的人，不喜歡墨守成規，懂得固執己見、堅持到底。與其說他們是成功者，不如說是圓夢的人！然而，智力也許可以換來成績，卻無法換得成就，而創意則不單如此，它是一種愈磨愈光的能力。

（一）創造力的意涵

創造（creativity）一辭依據韋氏大字典的解釋，有「賦於存在」（to bring into existence）的意思，具「無中生有」（make out of nothing）或「首創」（for the first time）的性質。創造力（creativity）則是一種創造的能力（ability to create）。〔註80〕陳龍安歸納各家有關創造力之意義，研擬出以下創造力的定義：

> 創造力是指個體在支持的環境下結合敏覺、流暢、變通、獨創、精進的特性，透過思考的歷程，對於事物產生分歧性的觀點，賦於事物獨特新穎的意義，其結果不但使自己也使別人獲得滿足。〔註81〕

創造的定義應符合新穎性、實用性、進步性。判斷一件事物的創意首應考量創新、實用及改良的效果。換言之，創造力的定義可理解為：創造力是一種態度、是一種思維、是一種行動，其推動成果的呈現方式，則是可觀察、可激發、可體驗、可分享及可移轉的觀念。

〔註78〕張春興、林清山：《教育心理學》，頁 151～154。

〔註79〕張春興：《心理學概要》，頁 110～111。

〔註80〕陳龍安：《創造思考教學的理論與實際》（臺北：心理出版社有限公司，1988年），頁 15。

〔註81〕同前註，頁 38。

（二）創造力的人格特質

從教育的觀點，具有創造能力的學生，其人格特質的研究早爲教育心理學者們所重視。以下就行爲上的一般特徵、創造與智力及學業成就的關係略加討論。

1、行爲上的一般特徵

根據陶倫斯 1962 年研究結果，發現創造能力高的兒童多具有以下三種人格特徵：

（1）頑皮、淘皮與放蕩不羈。

（2）所作所爲有時踰矩常規。

（3）處事待人不固執、較幽默，但難免帶有嬉戲。

陶倫斯總結其研究，曾說：「儘管創造力高的學生有好的觀念，但卻常被人視爲愚蠢與荒誕。因此，就世俗的環境而言，對創造才賦高者是不利的。在學校裡，因爲教科書只提供固定答案式的知識，他們的超常與獨創的新觀念，常爲他們自己帶來困擾。雖然有時候由於他們的幽默與嬉戲態度也贏得同學的友誼，但多數不易與人相處。因爲他們的行爲不遵守既定的規矩，所以有時候難免不容於團體。」〔註 82〕由此可知，傳統的教育方式、理念、設施，以及社會規範、價值標準等，並不利於個人創造思考能力的發展，國外如此，國內尤甚。

2、創造與智力及學業成就

對於創造與智力及學業成就，陶倫斯曾作如下之論斷：「假如我們僅以智力測驗的結果來選擇天賦優異兒童，那很可能有百分之七十具有高度創造力的兒童落選。」基於此一論斷，顯然可以看出，普通智力測驗所測到的能力，與創造力並無多大關係。換言之，智力測驗不能用來預測創造力。〔註 83〕由此歸納，學業成就與創造力的相關遠較於其與智力的相關爲低，其不但符合客觀、標準式的學業成就測量結果，也符合教師主觀的評分。

綜上所述，學業成就與創造力的相關性低於與智力的相關性，因爲智力測驗主要測量爲記憶、辨別、瞭解等聚斂性思考能力；傳統的學業成就鑑定，多基於固定式答案問題；創造測驗以測量擴散思考能力爲主，自然所得的結

〔註82〕張春興、林清山：《教育心理學》，頁 180～181。
〔註83〕同前註，頁 181～182。

果與傳統式的學業成績就沒有多大關係。由此觀之，即可瞭解到現實的教育
環境中，經常出現的矛盾與錯置，形成一種刻板印象，以致於牢不可破，扼
殺無數天才。

二、《魯冰花》中的創造力

　　《魯冰花》最大創造力的泉源即是近似馬蒂斯（Matisse，1869～1954）
畫風——古阿明的繪畫——掀起美術選拔的風波，更是引起廣大讀者迴響的
議題。在此，筆者不得不佩服鍾肇政不論在取材的創意巧思，或是重視學童
的教育歷程與心理發展上，在在展現創造力的歷程。孩子從小就喜歡塗鴉，
塗鴉是創造力的開端、情緒發洩的出口，鍾肇政藉由孩子塗鴉的天性，展開
教育議題的探討，亦頗值得當今教育工作者參酌。以下就鍾肇政的文學創作
及古阿明的繪畫創作，分析《魯冰花》所呈現的創造力。

（一）文學反映人生——從馬蒂斯談鍾肇政

　　小說是最能代表時代，反映人生及人性的文學創作。方祖燊說：「小說是
最具創造性的文學作品，作者常常將他虛構杜撰的人事，當作實情真事來描
寫。」〔註84〕鍾肇政亦云：「小說的重要成分是想像，小說這個東西，有關它
的欣賞、創作，我希望能夠用很簡略、很淺白的方式來談。事實上我對理論
懂得不多，我也不太管理論這麼一回事。」〔註85〕馬蒂斯也曾經一再強調，
他對繪畫現實毫無興趣，而為了表達他心中的感受，他將理論和技巧全部忘
掉，全神貫注去聆聽面對物體之際內心的震動。〔註86〕本文發現：馬蒂斯與
鍾肇政分別在藝術與文學上，表達出幾近相似的理念，亦顯示藝術與文學是
不分國界與形式，中外的藝術家和小說家在不同時空下傳達著相同的概
念——創造力，並且將此理念灌注於他們的作品中。

　　不論繪畫或小說，其構思需憑藉豐富的想像，按照自己的意思去構圖與
創作，形成自己幻設的世界。小說作家要有敏銳的觀察力、驚人的創造力、
縝密的組織力、神妙的想像力、凝鍊的文筆、豐富的詞彙、高超的寫作技巧

〔註84〕方祖燊：《小說結構》（臺北：東大圖書股份有限公司，1995年），頁6。
〔註85〕鍾肇政著、莊紫蓉編：《臺灣文學十講》（臺北：前衛出版社，1990年），頁
　　　　170。
〔註86〕Anette Robinson 著、呂淑容譯：《馬蒂斯》（臺北：金鴻兒童文教基金會，2000
　　　　年），頁35。

等，才能將小說寫得精彩動人。正如鍾肇政《魯冰花》之創作，若無驚人的創作能力，如何在有限的時間裡完成此部長篇小說呢？《魯冰花》之創作乃是鍾肇政展現其創造力的作品之一，更是身爲小說家將其創造力流暢地、無阻地表現在其關切的焦點上，進而點醒讀者在日常生活中經常忽略的細節，從中代表時代反映人性。

（二）繪畫反映人生——從馬蒂斯看古阿明

　　繪畫作品中所呈現的色彩、明暗、線條等元素，應是藝術家心靈世界的反射，也是其自我意識的投射，正如馬蒂斯曾說：「視網膜後面藏的是人。」〔註87〕因爲，繪畫重要的是要用心去看，然後不受限於物體的表象，將自己面對現實事物的感受在紙上或畫布上表達出來，若沒有情感，藝術是不可能存在。馬蒂斯曾在 1943 年對一名朋友透露心聲：「我總透過色彩而感受，因此我的繪畫將始終以色彩爲組織的核心。」〔註88〕認眞好學的馬蒂斯對所有的理論都全數吸收，接著，他又嘗試將它們全部忘掉，因爲馬蒂斯認爲，眞正重要的是要有天份，並讓這天份能夠自由表達。〔註89〕

　　古阿明的繪畫特質不正吻合馬蒂斯的理念與風格嗎？文本中除了由郭雲天直接點出：「這裡頭有自我，有強烈的主張。我幾乎要認爲這才是兒童繪畫的最高目標呢。還有這種顏色的配合，我眞願意說這就是馬蒂斯的作風。」〔註90〕及「這是馬蒂斯的手法啊！」〔註91〕外，鍾肇政尙藉由古阿明完成的四幅畫作〔註92〕點出野獸派作品的特色中，色彩不僅是表現物體的色調，更是創造出強烈感情的媒介。〔註93〕

　　依據心理分析學派〔註94〕（Psychoanalaysis）的論點，古阿明的畫作象徵

〔註87〕Anette Robinson 著、呂淑容譯：《馬蒂斯》，頁 17。

〔註88〕同前註，頁 33。

〔註89〕同前註，頁 17～66。

〔註90〕鍾肇政：《魯冰花》，頁 63。

〔註91〕同前註，頁 121。

〔註92〕其畫作內容分析詳見本論文第四章，頁 98～101。

〔註93〕張心龍：《西洋美術史之旅》（臺北：雄獅圖書股份有限公司，1999 年），頁 179。

〔註94〕佛洛伊德（Sigmund Freud）奧籍猶太人，生於捷克，後隨父母遷居奧地利，其後爲逃避納粹的統治而遷居英國。佛氏創立心理分析學派（Psychoanalysis），其理論在心理學界有深遠的影響，對人格理論、精神病、心理治療、變態心理學方面，都有重大的貢獻，是位極富創見的心理學家。

一種反抗和報復的行為，藉以引起成人的注意和關懷。〔註95〕誠如郭雲天分析古阿明第四幅畫「茶蟲世界」所呈現的心理反應：「古阿明那小小的心靈裡的憤恨與恐懼，靠著他那獨特的，大膽的筆觸，毫無遺漏地表露出來。」〔註96〕吾人實無法想像以古阿明之幼小年紀，已將他個人深沉的自我覺察藉由繪畫完整的表達出來，這不就是創造力的表徵嗎？

古阿明的創造力來自繪畫，繪畫反映古阿明小小年紀的人生，他畫下他所恐懼、所期待、所憤恨的事，而鍾肇政巧妙地運用最後一幅已構思卻未動筆的畫，營造出古阿明所生存的環境，隱約表露出古阿明樂觀知足的人生態度。他的繪畫興趣並不因憤怒而喪氣歇筆，更因理想而努力搖動畫桿，這不正吻合鍾肇政創作的寫照嗎？另外，本文亦發現2012年倫敦奧運設計的主題竟與馬蒂斯在1909～1910年與1931～1932年所創作的《舞蹈》〔註97〕不謀而合，在該設計團隊高調宣告世人創意的當下，吾人更認為其靈感應該來自馬蒂斯的《舞蹈》創意，而不是其新的靈感創意。

三、現代教育環境中的創造力教育

日本趨勢學家大前研一指出：「教育最大的弊病，就是教導孩子習慣一個問題一個答案，所謂好學生就是那些把答案背得滾瓜爛熟的人，但未來的世界將是一個急速改變『沒有軌道』的叢林，想要生存，除了要有專業能力，還要有吸收新知及判斷的能力，所以教育孩子『找答案』及『獨立思考』的能力，才能適應未來的社會。」〔註98〕

我國多年來在教育上廣受「升學主義」與「填鴨式教學」之害，教學方法偏重知識灌輸，教學評量講求標準答案，致使學生變成背誦機器，忽略創造力可經由創造性教學的培養與訓練而獲得顯著的進步。欲矯此弊，首應發展學生創造性的思考；而欲培養學生創造性的思考，則有賴於創造性的教學。

上世紀在知識經濟（Knowledge economy）和社會多元化的衝擊下，掀起教育改革浪潮，其改革理念的核心價值是協助學生發揮潛能，透過自我發揮

〔註95〕陸雅青：《藝術治療、繪畫詮釋：從美術進入孩子的心靈世界》，頁38。
〔註96〕鍾肇政著、莊紫蓉編：《臺灣文學十講》，頁138。
〔註97〕馬蒂斯：《舞蹈》，分別創作於1909～1910及1931～1932。前者油彩、畫布，260×391公分，現藏於俄國米塔希美術館，聖彼得堡；後者油彩、畫布，333×391公分，現藏於法國巴黎市立現代美術館。
〔註98〕大前研一：〈未來社會沒有軌道，讓孩子自己找答案〉，《商業週刊》，2006年。

創意以「創造」自己的未來,而非由教育「塑造」未來。教育部在 1998 年公佈的九年一貫教學課程中,羅列出「欣賞、表現與創新、主動探索與研究、獨立思考與解決問題」等能力,其中可看出創造力在教育改革思潮中的重要性。教育部曾志朗前部長曾表示:「九年一貫課程的核心精神乃在創新教學,因此主張以『創意教學』稱呼『九年一貫』。」除此之外,教育部亦在 2000 年將「創造力」列為通識教育推動重點工作之一,並在 2002 年 1 月公佈「創造力教育白皮書」,以打造臺灣成為「創造力國度」為重要的教育政策。以上教育改革在在說明創造力教育之概念已不是口號,而是具體落實在教育政策及教育環境中。

值得一提的是:1984 年教育部頒布實施特教法後,資優教育由實驗階段邁入制度化階段,而創造思考教學也首度於國內特殊教育中正式實施;特教法第二條也明白揭示:資賦優異者的特殊教育內容應加強啓發其思考與創造之教學。可見在 1984 年啓發式教學及創造思考已受到教育當局重視,其可視為創造力教育的濫觴。

創造思考是激發學生的潛能,其有賴教師靈活運用各種教學方法,以因應個別差異。若要落實創造性教學,教師應提供適當的思考問題,啓示學生對問題的敏感性、激發學生心智的變通性、協助學生對問題作整體的考慮,以及鼓勵學生奮發向上的精神;教師也應提供包括視覺藝術與寫作的創作機會,並從開放式的發問技巧中,鼓勵學生嘗試新經驗的勇氣,不排斥學生錯誤或失敗的挫折,積極鼓勵從事課外活動,引導學生從事跨出教室的學習,以增強其創造思考的動機。因此創造力之教育,已不是單純的認知與動作技能的行為,而是在情意的教學環境中開發潛能、提昇創造力。

以 2011 年 1 月 27 日及 28 日的大學學科能力測驗之國文與英文科為例,近年來,國文作文題目早已由固定題目改為引導寫作;而這兩年來英文作文則採取四格漫畫寫作,最後一格留白由學生自由發揮創意完成故事內容,其目的皆為改善教師的教學方式與激發學生的創造力。這樣的創意思考題型,在早期的大學聯考中是不曾出現,這也間接證明教育部對創造力教育的重視。因此,近幾年來,小自小學生的定期考查,大至大學學測,創意且生活化的考題一一出現,無非是要激發學生的潛能與創造能力,藉此能落實創造力教育。

綜觀上述,過去五十年所累積下來的教育弊端,絕不是一朝一夕就可以

立刻改革。制度或許易改，但人心與環境的改革更需要透過文學與教育的薰陶。文學與教育有著密不可分的關係，在施教的過程中，怎能忽略文學所發揮的教育功能；文學不但能陶冶性情、修身養性，更能發揮潛移默化的教育功能，因此，一本好的文學作品，足以教化人心，甚至改變一個人的意念。具有時代使命感的文學作家，更試圖藉由文學作品，表達出個人意識所關切的核心議題，這也形成所謂文學價值。因為，意識是文學作品的靈魂，是作者的理想透過實踐後所激發出的情感，是以教育議題來貫穿人物與情節。因此，教育與《魯冰花》有著密切的關係才能激盪出火花，文學不僅反映社會，更透過作者的眼光、意識與技巧來反映教育的諸多層面。唯有培育具有人文素養的下一代，社會才有足夠的發展動力和基礎，才能期望健康燦爛的未來！讓受教者豐富生活內涵，以及提昇人的品質，這應該是鍾肇政《魯冰花》所期待教育的真正意義之所在，也正契合本研究《教育與文學的糾葛書寫——鍾肇政《魯冰花》》作品研究之旨趣。

第六章 結 論

　　《魯冰花》敘事結構簡單、故事情節單純、人物形塑樸實，以及運用白描寫作手法外，加上鍾肇政創作體系龐大等因素。因此，國內研究者較易將研究議題旁及鍾肇政的其他作品，針對《魯冰花》的碩博士論文研究僅有 2001 年郭秀理與 2011 年吳佳美的碩士論文研究。郭文之研究議題涉及美術教育、一般教育觀等問題的探討，而吳文之研究議題則為兒童角色論、內心意識、寫作風格與時代意義等。筆者認為兩人之論文研究對於《魯冰花》所呈顯的價值意識較少討論，尤其是在教育與文學的糾葛層面，因此，此研究視角著重於教育與文學層面。

　　《魯冰花》小說帶有濃厚的時代色彩，真實的反映生活、描繪事件以及挖掘現象背後的本質，這正是寫實派作家的特色與使命感。在文壇新秀輩出、銷售與名氣影響文學走向的弔詭市場，以及煽情故事情節與庸俗化的論調充斥社會環境中，兒童的閱讀教育更值得重視。吾人認為《魯冰花》不但貼近學童的學校生活，其單純的結構情節更適合兒童閱讀，因此，往往將其歸類為兒童文學亦為研究者普遍肯認。

　　本文研究發現：六○年代所反映的的教育與社會問題至今仍存在，且為於今為烈的原因，乃是因為現代父母抱持著傳統的教育觀念，加上社會競爭日趨激烈，父母對孩子的要求及孩子的壓力日益增加，家庭、學校及社會的教育促使孩子更加無所適從，中國儒家思想在新一代的學子涵養上幾乎消失殆盡，反映在「有教無類」、「因材施教」等價值的選擇與判斷上形成落差。因此，吾人認為《魯冰花》歷經歲月洗禮、物換星移的轉變，能彰顯其價值性在於教育貢獻及時代意涵二個層面上。

第一節 《魯冰花》的教育貢獻

經本文研究後，研究者發現：《魯冰花》在教育層面有其存在的價值與貢獻，以下歸納《魯冰花》此文學作品在情感教育、生命教育、品格教育、美術教育及創造力教育等五方面的貢獻與影響，茲分述如下。

一、煥發情感的光輝與關懷

五十年前臺灣的教育環境與政策中，情感教育理念尚未成熟，然而鍾肇政的《魯冰花》已經深刻描繪出姊弟、父子、師生，以及同儕的情感教育之因子，不禁令人佩服鍾肇政的洞燭先機。因此，本研究認為鍾肇政《魯冰花》具有教育意涵的文學性，五十載悠悠而過依舊能藉由文學影響教育，讓教育工作者或施教者藉由書中教育議題的激盪而教育當今學童，以期煥發情感的光輝與關懷，這應是《魯冰花》所欲表達的主題意識之一，從而激盪出情感教育的關照層面與應予正視的重要性和迫切性，而能為大眾所重視，引發討論久久不息。

二、鼓動生命的熱情與豪情

回顧五十年前的臺灣教育政策中，生命教育之理念尚未萌芽，更不用說成為普遍重視的焦點，鍾肇政《魯冰花》深刻刻畫出人與他人、人與萬物之間所共同引發的生命教育議題，觸動讀者的心弦，進而探究生命的意涵與目的，從中由感性、理性的認知，而至體悟的歷程。

由此觀點，本研究發現：鍾肇政《魯冰花》在教育場域中有其前瞻性，藉由文學的型態進而影響教育，尤其是針對國中小的學生而言，更容易廣泛引起小小讀者的共鳴。學校生活與美術教育是這些讀者生活的一部分，鍾肇政輕而易舉引領讀者走進《魯冰花》的生命世界中，讓讀者能設身處地思考生命教育的意涵，這應該是出版社將《魯冰花》節錄後，編入國小高年級的國語課文中的原因之一。因為，身為教育工作者，不忘文學對教育具有潛移默化的影響，試圖以古阿明生命的隕落，點出人生的消極與無奈是正常的情緒，但生命價值並不僅止於此無法克服的難題而趨於自我逃避及退縮，反而是鼓動生命的熱情與豪情，在有憾的世界中展現無憾的人生，傳達熱愛生命、珍惜生命的重要性。

三、重視品格的價值與養成

　　臺灣五十年來的教育政策與重點，從早期的道德教育轉型至今日的品格教育，此過程中僅見形式而未見實質意義之落實，然而鍾肇政《魯冰花》指出現今教育中重要的品格教育議題，其重視品格的價值與養成，進而激勵讀者，探究品格教育的意涵與目的。由此觀點，本研究發現：鍾肇政《魯冰花》實具有品格教育的前瞻性與關照教育的核心價值，書中所呈現的品格教育正是目前全球教育界所關注的課題。由此，研究者更能體悟教育與文學之間密不可分的關係，尤其是對於國中小的學生而言，品格教育的養成更是刻不容緩，若藉此書來教育當今的學生應有其醒世覺人之教育功能。因為，《魯冰花》的現實悲劇意識令讀者難以忘懷，若能扣住文學主題之脈絡及蘊涵的教育危機，施以品格教育，勢必能牽動學生的思緒、觸動學生的心靈，進而達到教育與文學潛移默化之功效。

　　文學與藝術可引發讀者反思自己的道德認知與其他看法，誘使讀者從不同的規範觀點重新評價及衡量自己既有的情意反應，同時可以協助人們體驗並精製其感受的品質，所以說當人們認同作品中角色或情境時，是可能嚮往、接受或抗拒其中某些德行或惡行，因此，也會產生人生理想上的調整與變化。今後品格教育可以透過慎選適當文學藝術作品以培養人品與德行，這無疑是《魯冰花》適合今日學童閱讀，也是流傳五十年而膾炙人口、為人歌頌的原因。

四、培養美術的鑑賞與創作

　　本研究發現：鍾肇政在《魯冰花》的教育關懷上應是希望學校能落實美術教育，以啟發式的教學方式，引導學生創作，且從孩子自由創作中深入其內心世界。學校進行美術教育時應以兒童為主體，教師適時引導兒童創造，給予自由表達、自由探索、自由創作的機會，並依據兒童繪畫的心理特徵與發展，編選各階段的教學目標和內容；且依直觀知覺，發展兒童感官、培養美學意識，利用創意與啟發式教學擴展生活視野、激發兒童創作興趣、培養兒童視覺造型、創造力，以及情感表達能力。

　　今日臺灣的美術教育，仍是以描繪技術養成訓練為主，忽略美術本質的理解與美感鑑賞能力的提昇，鑑賞能力的提昇，更可彌補兒童、青少年時所面臨的寫實壓抑期之創作低潮困境，促使兒童、青少年至成年能延續美術的

興趣與創造、想像力的銜接。就現實層面而言，現行各校採取美術教材統一作法的背後已經失去美術教育該有的主體性，更會抹殺學童的創造力和好奇心，可見這是一種「誤人」的教學方式。研究者認為：孩子原創的作品是值得被鼓勵和讚賞，它來自兒童自發性的思考與操作，原創價值乃在於是獨一無二而非複製。因此，身為教育工作者或施教者更應該讓美的種子在學童的心中萌芽，為其培養美的鑑賞力與創造力。

五、激發創造的潛能與獨特

《魯冰花》所呈現的創造力內涵包括文學創造力：鍾肇政以豐富的想像力，三個月完成《魯冰花》一書；另一是藝術創造力：古阿明天馬行空的畫作。而古阿明大膽色彩的畫作不就是鍾肇政豐富的想像力嗎？鍾肇政掌握西方美術思潮，將馬蒂斯野獸派的畫風反映在古阿明的繪畫天份中，再藉由美術選拔的劇情鋪陳，引起廣大讀者的迴響。在此，本研究發現：鍾肇政《魯冰花》一書，不論在取材的創意巧思，或是重視學童教育歷程與心理發展上，在在展現創造力的歷程。孩子從小就喜歡胡亂塗鴉，塗鴉是創造力的開端、情緒發洩的出口，鍾肇政藉由孩子塗鴉的天性，激發讀者創造的潛能與獨特，展開教育議題的探討，亦頗值得當今的教育工作者參酌。

第二節　《魯冰花》的時代意涵

作品之所以能傳之永久，價值歷久而彌新，溯其原因，不外其對人類指出一條理想的道路，以及提高心靈的至高境界，使相互認識生命的真實與偉大。不朽的作品是不分國際、時間與空間，不論任何人閱讀，皆可自然的被其融化和影響，那至高無上的快慰和禮讚，非筆墨所能形容。

《魯冰花》一書中讓我們看到平凡人物的喜、怒、哀、樂牽動著讀者的情緒，書中一幕幕的景象似乎栩栩如生呈現在讀者眼前，小說中所反映的問題有其一貫性及系統性，超越時空與情境，不因時間久遠而失去其價值，從中體會出其具有不可忽視的時代意涵及價值性。經本研究後，可歸納出「發揚人性的潛能、展現生命的韌力、呈顯人道的關懷與契合教育的改革」等四方面的時代意涵，這四者環環相扣，契合讀者熟悉的生活場域、教育議題、社會問題等。以下就依這四方面歸結如下：

一、發揚人性的潛能

　　鍾肇政以動人的文筆與豐富的想像力，充分表現古阿明一生的寫照，這是本書最吸引人之處。書中營造出相當多感人的場面，如郭雲天和古阿明的「師生情誼」、古茶妹和古阿明的「姊弟親情」等，表現出人性最為真摯的一面，寫到感動之處，深深牽動著讀者的情緒，令人心中澎湃不已。此乃為本書中人性最閃光之處，表達人性比物質更重要的道德倫理，所以，物慾橫流的世界裡，這種閃光點尤為珍貴。

　　鍾肇政透過《魯冰花》將人性的善在孩子們身上表現得自然出色，而將人性不好的一面，在二位自私勢利的師長、懦弱無能的校長，以及虛偽做作的鄉長身上恰如其分地體現出來。另外，此書所表達的是一位貧窮小學生十餘年短暫的一生，一位在教育制度、貧窮環境下隕落的小生命，它緊緊牽動著讀者的思緒，因為，不論是繪畫天份被埋沒古阿明，或是抑鬱不得志的郭雲天，這樣的角色與生命歷程，似乎不約而同出現在不同年代眾多讀者的生活中，總令讀者久久無法忘懷。這些事實著實令人無限感慨造化弄人，更讓我們看到小人物奮鬥的歷程和對人性的積極肯定，雖然其結果事與願違，但那種積極向上的自我認知，卻是人性頗為難得的一面。

　　回顧現實生活若有師長資助貧窮的學生時，讀者會聯想到《魯冰花》中郭雲天老師；更多的師長也懂得接納、欣賞或資助像古阿明這樣的孩子。《魯冰花》的教訓深植於讀者與教師心中，因為，大家不忍悲劇重演。《魯冰花》能夠歷久不衰是不可否認的事實，而由此篇小說所引發的議題及觸動教育與社會的問題聚焦，發揚人性的潛能，卻是始料未及而產生強大的漣漪。

二、展現生命的韌力

　　在《魯冰花》小說中人物的悲劇意識及無奈情愫，似乎無時無刻牽動著現實生活中的讀者們。古阿明無法參賽及林志鴻順利得名，傳達郭雲天不敵現實環境的無奈與古阿明的失望，卻也反諷著僵化的教學觀念及方式，扼殺學童的創造力及純淨的心靈，正是悲劇意識之一；林雪芬無法掙脫現實環境的枷鎖與感情的無奈，是悲劇意識之二；懦弱無能的校長面對同事間的壓力，僅能委曲求全，以致單純的校園間產生鄉愿景象，此乃悲劇意識之三；而現實環境中的社會權勢，就連古阿明的喪禮竟也為林長壽鄉長所主導，為悲劇意識之四。

悲劇是《魯冰花》故事情節安排的結局，但其內容不乏是對這塊土地上小人物的疼惜與關懷。這四個重要的因素，可稱是悲劇的四重奏，而在這四個因素背後的環境，不正是我們所處赤裸裸的環境嗎？研究者認為《魯冰花》雖以悲劇結束，但書中的悲劇人物無一不為自己在有限的生命歷程中，或是在不順遂的環境中力爭上游，雖有挫折卻未曾放棄過理想與堅持，此種生命的韌力十分令人動容。生命的綻放與喝采，雖然僅僅是一個短暫的火花，卻讓我們體悟到「剎那即永恆」的道理，即使是生命的隕落、工作的失落、感情的失意，以及權勢的壓力，悲劇下的小人物皆能把握有限生命，創造無限可能，展現出生命的韌力。

三、呈顯人道的關懷

書中所描述的教育觀念與教學方法，與我們所走過的年代似曾相識，僵化的教育制度，不知扼殺過多少正要萌芽的小幼苗。小說中所述教育制度、教學方法等固為僵化制度面的化身，但卻也給予吾人深思而得的教育珠璣，表現在生命教育、情感教育、品格教育、美術教育，以及創造力教育等議題上，這些關懷它是純然出自於人道，而能成為後期臺灣教育改革的重要質素。

《魯冰花》真實反映人生，故事中的人物性格、情節中的劇情片段，總是出現在我們周遭。吾人認為：不一定要呼天搶地的悲劇才會賺人熱淚，不一定是纏綿悱惻的愛情故事才能感人至深。土地的故事、鄉土的情感，真摯的情誼是人性中最為自然真實的一面，現實社會雖有無奈，有時令人忿忿不平、有時令人欣喜若狂，這才是人生。從《魯冰花》一書中，可讓讀者瞭解更多關於臺灣土地的故事，也讓讀者對人生有了不同的觀點。本人認為鍾肇政塑造出人物懦弱的個性，以營造《魯冰花》淡淡憂愁的悲劇，試圖表達對現實環境中底層人物的關懷，這無疑是鍾肇政人道主義精神的表現，藉由教育議題創造扣人心弦的悲劇故事，引發讀者關心社會底層小人物的辛酸，正是人道關懷的呈顯。

四、契合教育的改革

現代父母總是不希望自己的孩子輸在起跑點上，然而錯誤的教育觀與方法卻會為孩童帶來無限的痛苦，多少父母依舊認為「萬般皆下品，唯有讀書高。」呢！這樣的想法，不正與鍾肇政筆下古石松、林長壽，甚至郭雲天的

觀念不謀而合啊！不同年代卻存在相同的觀照，不知這樣僵化的意識型態，還會扼殺多少孩子的夢想與未來。不可否認，這些傳統的思維模式，至今仍普遍存在現代父母心中，研究者認為這不但是值得當今教育改革深思的議題，也正是《魯冰花》的故事至今仍深植人心的原因之一。

社會結構的改變，貧富差距愈趨嚴重，經濟弱勢的兒童急需我們的關懷與照顧，這樣議題的呈現，再次彰顯出鍾肇政的人道精神不因時代久遠而有隔閡，不論在哪一個年代，惻隱之心的人們皆懷有悲天憫人的胸襟。不過，更令吾人深思及深深惕厲者：我們的教育不能只注意天才，因為，還有更多需要我們去關懷的兒童，他們也許很平凡，也許很愚昧，身為教育工作者，更應該重視兒童的個別差異，發揮愛心去關懷孩子。

綜上所述，文學與教育有著密不可分的關係，在施教的過程中，更不可忽視文學所發揮陶冶性情、修身養性以及潛移默化的教育功能。鍾肇政是位具有時代使命感的文學作家，其試圖藉由文學作品，表達出個人意識所關切的核心議題，這也形成所謂文學價值。文學作品的靈魂何在？是作者的理想透過實踐後所激發出的情感，是以教育關懷來貫穿人物與情節。因此，教育與《魯冰花》有著密切的關係才能激盪出火花，文學不僅反映社會，更透過作者的眼光、意識與技巧來反映教育的諸多層面問題。

《魯冰花》除了是一本結構單純適合兒童及青少年閱讀，故事情節令人動容的文學作品外，最主要的是作者的意識核心，圍繞著教育的相關議題；教育改革至今仍持續進行著，細心品味即能從中獲得更深層的教育關懷。《魯冰花》所傳達的正是目前教育環境中最缺乏的人文教育與人性關懷，吾人認為「文以載道」是文學極高尚的一種情操，它代表文化使命感與時代責任感。《新唐書·裴行儉傳》：「士之志遠，先器識，後文藝。」是我國古時知識分子為學修身的步驟，亦為文以載道的根本精神，這種精神極為可貴，只有培育出具有人文素養的下一代，社會才有足夠的發展動力和基礎，才能期望更健康燦爛的未來！從中讓受教者具備品味（taste）、感動（touch）及雋永（timeless），豐富其生活內涵，提昇人的品質，這應該是鍾肇政《魯冰花》所期待教育真正意義之所在。

參考文獻

壹、中文部份

一、古籍（依作者年代排序）

1. 〔漢〕許慎編、楊家駱主編：《校刊宋本說文解字・校勘記》（臺北：世界書局，1988 年）。

2. 〔漢〕許慎撰、〔清〕段玉裁注：《說文解字注》（浙江：浙江古籍出版社，2010 年）。

3. 〔宋〕朱熹撰、〔清〕張伯行注、楊家駱主編：《小學集解・四書集注》（臺北：世界書局，1989 年）。

4. 〔元〕陳澔撰、楊家駱主編：《禮記集說》（臺北：世界書局，1990 年）。

5. 〔清〕何文煥輯：《歷代詩話》（北京：中華書局，1981 年）。

二、專書（依作者姓氏筆劃排序）

1. Anette Robinson 著、呂淑容譯：《馬蒂斯》（臺北：金鴻兒童文教基金會，2000 年）。

2. Max J.Friedlander 著、梁春生譯：《藝術與鑑賞》（臺北：遠流出版社，1989 年）。

3. M.Hyson 著、莊素芬譯：《情緒發展與 EQ 教育》（臺北：桂冠圖書公司，1999 年）。

4. Roger Straughan 著、李奉儒譯：《兒童道德教育——我們可以教導兒童成為好孩子嗎？》（臺北：揚智文化事業股份有限公司，1994 年）。

5. 大衛・洛吉（David Lodge）著、李維拉譯：《小說的五十堂課》（臺北：木馬文化事業股份有限公司，2006 年）。

6. 方祖燊：《小說結構》（臺北：東大圖書有限公司，1995 年）。

7. 毛連塭、郭有遹、陳龍安、林幸台:《創造力研究》(臺北:心理出版社有限公司,2000 年)。

8. 王秀雄:《美術心理學》(臺北:三民書局股份有限公司,1975 年)。

9. 王文科:《認知發展理論與教育:皮亞傑理論的應用》(臺北:五南圖書出版股份有限公司,1991 年)。

10. 王效蘭:《馬諦斯特展——彩筆飛舞空間》(臺北:民聲文化傳播股份有限公司,2002 年)。

11. 末永蒼生著、邱麗娟譯:《色彩樂:追求幸福的色彩魔法》(臺北:三言社出版,2005 年)。

12. 朱光潛:《談文學》(臺北:前衛出版社,1983 年)。

13. 吉諾特(Haim G .Ginott)著、許麗玉譯:《老師怎麼跟學生說話》(臺北:大地出版社,1985 年)。

14. 何憶如、張耀宗、彭煥勝、曾素秋、葉憲峻:《臺灣教育史》(高雄:麗文文化事業股份有限公司,2009 年)。

15. 吳庶深、黃麗花:《生命教育概論:實用的教學方案》(臺北:學富文化事業有限公司,2001 年)。

16. 吳靜吉、林偉文、林士郁、陳秋秀、曾敬梅、王涵儀等:《教育部創造力教育政策白皮書子計畫(六)國際創造力教育發展趨勢專案》(臺北:教育部,2002 年)。

17. 吳秀碧主編:《生命教育理論與教學方案》(臺北:心理出版社有限公司,2006 年)。

18. 吳祥輝:《芬蘭驚豔:全球成長競爭力第一名的故事》(臺北:遠流出版公司,2006 年)。

19. 吳清基:《落實品格教育從核心價值談起》(臺北:財團法人千代文教基金會,2010 年)。

20. 吳進安:《哲學概論》(高雄:麗文文化事業股份有限公司,2010 年)。

21. 李辰冬:《文學新論》(臺北:東大圖書有限公司,1975 年)。

22. 李喬:《臺灣文學造型》(高雄:派色文化出版社,1992 年)。

23. 李喬:《臺灣文學塑像》(臺北:前衛出版社,2000 年)。

24. 李哲賢:《荀子之名學析論》(臺北:文津出版社有限公司,2005 年)。

25. 村田昇編、林文瑛、韋靖雅合譯:《道德教育》(臺北:水牛圖書出版事業有限公司,1992 年)。

26. 亞里斯多德(Aristotle)著、劉效鵬譯:《詩學》(臺北:五南圖書出版股份有限公司,2008 年)。

27. 周伯乃:《現代小說論》(臺北:三民書局股份有限公司,1971 年)。

28. 周永忠：《美術創意新視界：美術基礎描繪與創意思考的拓展》（臺南：概念趨向美術工作室，2001 年）。

29. 林瑞明：《臺灣文學的本土觀察》（臺北：允晨文化實業股份有限公司，1996 年）。

30. 林瑞明：《臺灣文學的歷史考察》（臺北：允晨文化實業股份有限公司，1996 年）。

31. 林建福：《德行、情緒與道德教育》（臺北：學富文化事業有限公司，2006 年）。

32. 邱各容：《臺灣兒童文學史》（臺北：五南圖書出版股份有限公司，2005 年）。

33. 金建人：《小說結構美學》（臺北：木鐸出版社，1988 年）。

34. 金劍：《美學與文學新論》（臺北：臺灣商務印書館股份有限公司，2003 年）。

35. 洪麗完、張永楨、李力庸、王昭文編著、高明士主編：《臺灣史》（臺北：五南圖書出版股份有限公司，2006 年）。

36. 孫邦正：《教育概論增訂本》（臺北：臺灣商務印書館股份有限公司，1993 年）。

37. 泰瑞·伊果頓（Terry Eagleton）原著、吳新發譯：《文學理論導讀》（臺北：書林出版有限公司，1993 年）。

38. 馬克·柯里（Mark Currie）著、寧一中譯：《後現代敘事理論》（北京：北京大學出版社，2003 年）。

39. 國教司：《藝術與人文領域六年級、九年級基本素養指標解說手冊》（臺北：教育部，2005 年）。

40. 崔焰焜：《文藝理論精選集》（臺中：青山出版社，1976 年）。

41. 張春興、楊國樞：《心理學》（臺北：三民書局股份有限公司，1970 年）。

42. 張春興、林清山：《教育心理學》（臺北：臺灣東華書局股份有限公司，1989 年）。

43. 張春興：《心理學概要》（臺北：臺灣東華書局股份有限公司，1989 年）。

44. 張春興：《教育心理學——三化取向的理論與實踐》（臺北：臺灣東華書局股份有限公司，1994 年）。

45. 張子樟：《閱讀的喜悅——少兒童文學品賞》（臺北：九歌出版社有限公司，1998 年）。

46. 張清榮：《兒童文學創作論》（臺北：富春文化事業股份有限公司，1991 年）。

47. 張清榮：《少年小說研究》（臺北：萬卷樓圖書有限公司，2002 年）。

48. 張心龍：《西洋美術史之旅》（臺北：雄獅圖書股份有限公司，1999 年）。

49. 張健：《小說理論與作品評析》（臺北：文津出版社有限公司，2003 年）。

50. 教育部：《國民中小學九年一貫課程暫行綱要》（臺北：教育部，2000 年）。

51. 教育部：《教育部生命教育中程計劃（90～93 年度）》（臺北：教育部，2001 年）。

52. 教育部：《教育部生命教育年簡介》（臺北：生命教育基金會，2001 年）。

53. 教育部：《創造力教育白皮書》（臺北：教育部，2002 年）。

54. 教育部：《國民中小學九年一貫課程綱要》（臺北：教育部，2003 年）。

55. 教育部：《國民中小學九年一貫課程綱要——藝術與人文學習領域》（臺北：教育部，2003 年）。

56. 教育部：《創意臺灣、全球佈局——培育各盡其才新國民》（臺北：教育部，2004 年）。

57. 教育部：《臺灣創造力教育的推展現況》（臺北：教育部，2004 年）。

58. 教育部：《藝術教育政策白皮書》（臺北：教育部，2005 年）。

59. 教育部：《友善校園總體營造計畫》（臺北：教育部，2006 年）。

60. 教育部：《地方創造力教育推動計畫》（臺北：教育部，2006 年）。

61. 教育部：《創造力教育先導型發展計畫中程綱要計畫書》（臺北：教育部，2006 年）。

62. 教育部：《校園正向管教工作計畫》（臺北：教育部，2007 年）。

63. 梁明雄：《日據時期臺灣新文學運動研究》（臺北：文史哲出版社，1996 年）。

64. 莎莉·溫德寇絲·歐茨、黛安娜·巴巴利亞著、黃慧真譯：《發展心理學》（臺北：桂冠圖書股份有限公司，1989 年）。

65. 郭為藩著、伍振鷟編：《教育哲學》（臺北：師大書苑有限公司，1992 年）。

66. 郭靜晃等著：《生命教育》（臺北：揚智文化事業股份有限公司，2002 年）。

67. 陳輝東：《兒童畫的認識與指導》（臺北：大江出版社，1970 年）。

68. 陳龍安：《創造思考教學的理論與實際》（臺北：心理出版社有限公司，1988 年）。

69. 陳武鎮：《兒童知覺的發展與美術教育》（臺北：世界文物出版社，1990 年）。

70. 陳瓊花：《藝術概論》（臺北：三民書局股份有限公司，1995 年）。

71. 陳繼權：《現代美術鑑賞和理念》（臺北：華杏出版股份有限公司，1996 年）。

72. 陳碧月：《小說創作的方法與技巧》（臺北：秀威資訊科技股份有限公司，2002 年）。

73. 陳之華：《沒有資優班‧珍視每個孩子的芬蘭教育》（臺北：木馬文化事業股份有限公司，2008 年）。

74. 陳之華：《每個孩子都是第一名：芬蘭教育給臺灣父母的 45 堂必修課》（臺北：天下遠見出版股份有限公司，2009 年）。

75. 陸志平、吳功正：《小說美學》（臺北：五南圖書出版股份有限公司，1993 年）。

76. 陸雅青：《藝術治療、繪畫詮釋：從美術進入孩子的心靈世界》（臺北：心理出版社有限公司，1993 年）。

77. 傅林統：《少年小說初探》（臺北：富春文化事業股份有限公司，1994 年）。

78. 傅騰霄：《小說技巧》（臺北：洪葉文化事業有限公司，1996 年）。

79. 單文經：《道德教育初探》（高雄：復文圖書出版社，1982 年）。

80. 程大城：《文學原理》（臺北：黎明文化事業股份有限公司，1973 年）。

81. 琳達‧諾克林（Linda Nochlin）著、刁筱華譯：《寫實主義》（臺北：遠流出版事業股份有限公司，1998 年）。

82. 黃月霞：《情感教育與發展性輔導》（臺北：五南圖書出版股份有限公司，1989 年）。

83. 黃建一：《國民小學道德教育》（高雄：復文圖書出版社，1989 年）。

84. 黃恆秋：《臺灣客家文學史概論》（新莊：客家臺灣文史工作室，1998 年）。

85. 黃雲生：《兒童文學概論》（臺北：文津出版社有限公司，1999 年）。

86. 黃宣範：《語言、社會與族群意識》（臺北：文鶴出版有限公司，1999 年）。

87. 黃政傑：《課程改革》（臺北：漢文圖書公司，2000 年）。

88. 黃秋芳：《鍾肇政的臺灣塑像》（臺北：時報文化出版企業股份有限公司，2000 年）。

89. 黃培鈺：《生命教育通論》（臺北：新文京開發出版有限公司，2002 年）。

90. 黃秀政、張勝彥、吳文星：《臺灣史》（臺北：五南圖書出版股份有限公司，2002 年）。

91. 黃政傑、江惠眞主編：《人是什麼──生命教育》（臺北：教育部中部辦公室，2009 年）。

92. 葉石濤：《臺灣鄉土作家論文集》（臺北：遠景事業出版公司，1979 年）。

93. 葉石濤：《作家的條件》（臺北：遠景事業出版公司，1981 年）。

94. 葉石濤：《走向臺灣文學》（臺北：自立晚報社文化出版部，1990 年）。

95. 葉石濤：《鍾肇政全集》（臺北：前衛出版社，1991 年）。

96. 葉石濤：《臺灣文學史綱》（高雄：春暉出版社，1998 年）。

97. 葉朗：《中國小說美學》（臺北：里仁書局，1987 年）。

98. 萬哈特‧舒爾慈（Gerhard Schulz）著、李中文譯：《浪漫主義：歐洲浪漫主義的源流、概念與發展》（臺中：晨星出版有限公司，2007 年）。

99. 董奇：《兒童創造力發展心理》（臺北：五南圖書出版股份有限公司，1995年）。

100. 虞君質：《藝術概論》（臺北：大中國圖書公司，1967 年）。

101. 詹志禹：《創造力教育政策白皮書──小學階段》（臺北：教育部，2002年）。

102. 詹棟樑：《德育教育》（臺北：五南圖書出版股份有限公司，1997 年）。

103. 賈馥茗：《教育哲學》（臺北：三民書局股份有限公司，1992 年）。

104. 賈馥茗：《教育與成長之路》（臺北：師大書苑有限公司，1992 年）。

105. 詹棟樑：《生命教育》（臺北：師大書苑有限公司，2004 年）。

106. 雷國鼎：《教育學》（臺北：五南圖書出版股份有限公司，1988 年）。

107. 鄔昆如、黎建球：《人生哲學》（臺北：國立空中大學，1987 年）。

108. 廖瑞銘主編：《大不列顛百科全書》第 17 冊（臺北：丹青圖書有限公司，1987 年）。

109. 趙滋蕃：《文學與美學》（臺北：道聲出版社，1978 年）。

110. 趙天儀：《兒童文學與美感教育》（臺北：富春文化事業股份有限公司，1998 年）。

111. 趙天儀：《臺灣兒童文學的出發》（臺北：富春文化事業股份有限公司，2006 年）。

112. 劉世劍：《小說概說》（高雄：麗文文化事業股份有限公司，1994 年）。

113. 劉雨：《寫作心理學》（高雄：麗文文化事業股份有限公司，1995 年）。

114. 劉明德、王心慈：《生死教育──生命總會找到出路》（臺北：揚智文化事業股份有限公司，2003 年）。

115. 鄭清文：《臺灣文學的基點》（高雄：派色文化出版社，1992 年）。

116. 鄭石岩：《心理分析與教育》（臺北：遠流出版公司，1993 年）。

117. 錢鴻鈞編、黃玉燕譯：《吳濁流致鍾肇政書簡》（臺北：九歌出版社有限公司，2000 年）。

118. 聯合國教科文組織國際教育發展委員會編、華東師範大學比較教育研究所譯：《學會生存──教育世界的今天和明天》（北京：教育科學出版社，1996 年）。

119. 謝鴻文：《凝視臺灣兒童文學的重鎮——桃園縣兒童文學史》（臺北：富春文化事業股份有限公司，2006 年）。

120. 鍾肇政：《魯冰花》（臺北：遠景事業出版公司，1979 年）。

121. 鍾肇政編：《當代中國新文學大系——小說二集》（臺北：天視出版事業有限公司，1979 年）。

122. 鍾肇政、東方白著：張良澤編：《臺灣文學兩地書》（臺北：前衛出版社，1993 年）。

123. 鍾肇政：《鍾肇政回憶錄（一）徬徨與掙扎》（臺北：前衛出版社，1998 年）。

124. 鍾肇政：《鍾肇政回憶錄（二）文壇交遊錄》（臺北：前衛出版社，1998 年）。

125. 鍾肇政著、莊紫蓉編：《臺灣文學十講》（臺北：前衛出版社，2000 年）。

126. 鍾肇政：《濁流三部曲》後記（桃園：桃園縣文化局，2000 年）。

127. 鍾肇政：《鍾肇政全集 21：隨筆（五）》（桃園：桃園縣文化局，2002 年）。

128. 戴寶村著、國立編譯館主編：《臺灣政治史》（臺北：五南圖書出版股份有限公司，2006 年）。

129. 霜田靜志著，蔡金柱、李叡明譯：《兒童畫的心理與教育》（臺北：世界文物出版社，1993 年）。

130. 魏飴：《小說鑑賞入門》（臺北：萬卷樓圖書有限公司，1999 年）。

131. 羅盤：《小說創作論》（臺北：東大圖書股份有限公司，1980 年）。

132. 龔鵬程：《文學散步》（臺北：漢光文化事業有限公司，1993 年）。

三、期刊論文（依作者姓氏筆劃排序）

1. 大前研一：〈未來社會沒有軌道，讓孩子自己找答案〉，《商業週刊》。

2. 王怡雯：〈我看《魯冰花》〉，《人本教育札記》第三期，1989 年 8 月，頁 49～50。

3. 史英：〈從《魯冰花》談臺灣教育的過去與未來〉，《人本教育札記》第三期，1989 年 8 月，頁 38～46。

4. 吳武雄：〈推展生命教育回歸教育本質〉，收錄教育部生命教育學習網。

5. 李巧琦：〈《魯冰花》觀後感〉，《書評》第九期，1994 年 4 月，頁 26～27。

6. 沈鐘：〈臺灣文學的使徒——鍾肇政〉，《綜合月刊》，1981 年 2 月。

7. 邱秀年：〈教育三十年——訪《魯冰花》原著鍾肇政〉，《人本教育札記》第三期，1989 年 8 月，頁 47～48。

8. 邱子寧：〈魯冰花〉，收入《臺灣 1945～1998 兒童文學 100》（臺北市：行政院文化建設委員會，2000 年 3 月）。

9. 邱子寧：〈閃閃的淚光——鍾肇政的《魯冰花》〉，《國文天地》第十五卷十一期，2000 年 4 月。

10. 施佩君：〈兒童電影——好個乖女兒——《魯冰花》之古茶妹之角色分析〉，《中華民國兒童文學學會會訊》第二十卷五期，2004 年 9 月。

11. 高麗敏：〈疼惜與祝福——和鍾肇政先生聊近況、談教育〉，《臺灣文學評論》第三卷四期，2003 年 10 月。

12. 高有智：〈戰前→戰後 鍾肇政ㄅㄆㄇㄈ現學現賣〉，《中國時報》A6 版，2010 年 9 月 2 日。

13. 張我軍：〈新文學運動的意義〉，《臺灣民報》第六十七號，1925 年 8 月 26 日。

14. 張子樟：〈溫柔的抗議——試論《魯冰花》〉，《國語日報》2001 年 3 月 13 日。

15. 梁貽婷：〈魯冰花的翻版，七美小女生圓夢〉，《中國時報》A11 版，2010 年 12 月 4 日。

16. 莊紫蓉：〈探索者、奉獻者——鍾肇政專訪〉，收錄於鍾肇政：《臺灣文學十講》（臺北：前衛出版社，2000 年）。

17. 莊紫蓉：〈女性、愛情與文學——鍾肇政專訪〉，收錄於鍾肇政：《臺灣文學十講》（臺北：前衛出版社，2000 年）。

18. 莊紫蓉：〈音樂與文學——鍾肇政專訪〉，收錄於鍾肇政：《臺灣文學十講》（臺北：前衛出版社，2000 年）。

19. 陳炘：〈文學與職務〉，《臺灣青年》，1920 年 7 月。

20. 陳清河：〈魯冰花〉，《幼獅文藝》第七十卷四期，1989 年 10 月，頁 153～157。

21. 陳姿羽：〈從對比設計看《魯冰花》的人物刻畫〉，收入林文寶主編：《少兒文學天地寬》（臺北市：九歌出版社，2002 年 6 月）。

22. 傅林統：〈《魯冰花》的叛逆與交集〉（上），《國語日報》1999 年 1 月 17 日。

23. 傅林統：〈《魯冰花》的叛逆與交集〉（下），《國語日報》1999 年 1 月 24 日。

24. 曾志朗：〈生命教育——教改不能遺漏的一環〉，《聯合報》第四版，1999 年 1 月 3 日。

25. 湯志民：〈生命教育：多元智慧觀〉，收錄於黃政傑、江惠真主編：《人是什麼——生命教育》（臺北：教育部中部辦公室，2009 年）。

26. 黃秋芳：〈解讀《魯冰花》〉，《臺灣文藝》，新生版第四期，1994 年 8 月 20 日，頁 145～151。

27. 黃秋芳：〈從《魯冰花》的社會階層流動談鍾肇政〉，《臺灣文學評論》10月號，2003年。

28. 黃文樹：〈《魯冰花》的教育涵義〉，《師友月刊》，第三百二十二期，1994年。

29. 黃慧敏：〈周大觀的故事拍成動畫電影〉，《中央社》，2010年10月29日。

30. 葉石濤：〈生命力和創造力豐沛的作家──鍾肇政〉，收入於葉石濤：《從府城到舊城》（臺北：翰音出版社，1999年）。

31. 葉石濤：〈論鍾肇政文學的性質〉，《民眾日報》，1978年11月。

32. 楊晴安等八人：〈《魯冰花》研析──臺灣的美麗與哀愁〉，收入臺南女中：《小論文賞析》，1989年。

33. 楊淑芬：〈林瑞明打造臺灣文學研究基礎工程〉，《中國時報》2001年12月。

34. 潘亞暾：〈鍾肇政及其《魯冰花》〉，《黔南師專學報》第二期，1983年。

35. 鄭石岩：〈一起來重視生命教育──探討e世紀的生命觀〉，收錄教育部生命教育學習網。

36. 鄭清文：〈讀：《魯冰花》〉，《聯合副刊》，1962年10月11日。

37. 錢鴻鈞：〈《魯冰花》與《法蘭達斯的靈犬》的比較──談鍾肇政的創作歷程〉，《臺北師院語文集刊》第九期，2004年11月。

38. 戴華萱：〈蒙蔽終要開啟──鍾肇政《魯冰花》的成長論述〉，《臺灣文學評論》第八卷四期，2008年10月。

39. 鍾鐵民：〈《魯冰花》前的愛情〉，《臺灣文藝》八十八卷，1984年5月。

40. 鍾肇政：〈日據時代的臺灣新文學運動〉，收錄於丘為君、陳連順編《中國現代文學的回顧》（臺北：文鏡文化事業有限公司，1986年）。

41. 闕瀅芬：〈從《論語》中孔子的生命觀論現代生命教育〉，收錄於《中山人文思想與中小學教育學術研討會論文集》，2006年。

42. 羅文基：〈新世紀的教改議題──生命教育〉，《翰林文教雜誌》第十七期，2001年。

四、碩博士論文（依作者姓氏筆劃排序）

1. 王慧芬：《臺灣客籍作家長篇小說中人物的文化認同》（臺中：東海大學中國文學系碩士論文，1998年）。

2. 王偉音：《鍾肇政與吳錦發成長小說研究──以《八角塔下》、〈春秋茶室〉為例》（雲林：雲林科技大學漢學資料整理研究所碩士班碩士論文，2008年）。

3. 王志仁：《臺灣客家小說移民書寫之探究——以吳濁流、鍾理和、鍾肇政、李喬作品爲例》（高雄：高雄師範大學客家文化研究所碩士論文，2009年）。

4. 吳寶珍：《國民中學品格與道德教育的內涵與實施之研究》（彰化：彰化師範大學教育研究所碩士論文，2004年）。

5. 吳欣怡：《敘史傳統與家國圖像：以呂赫若、鍾肇政、李喬爲中心》（桃園：清華大學中國文學系碩士論文，2010年）。

6. 吳佳美：《兒童角色論：以《魯冰花》爲例》（臺東：臺東師範學院兒童文學研究所碩士論文，2011年）。

7. 林明孝：《鍾肇政長篇自傳性小說研究》（高雄：中山大學中國語文學系研究所碩士論文，2000年）。

8. 林美華：《鍾肇政大河小說中的殖民地經驗》（臺南：成功大學歷史學系碩博士班碩士論文，2003年）。

9. 洪正吉：《鍾肇政長篇小說中的女性人物研究》（臺南：臺南大學語文教育學系教學碩士班碩士論文，2005年）。

10. 孫嘉妏：《九年一貫藝術與人文學習領域課程統整之研究》（臺北：臺灣師範大學美術學系碩士論文，2001年）。

11. 徐惠玲：《臺灣現代小說中的淡水校園成長書寫——以鍾肇政《八角塔下》、蔡素芬《橄欖樹》爲研究對象》（臺北：臺灣師範大學國文學系在職進修碩士班碩士論文，2008年）。

12. 張謙繼：《鍾肇政《臺灣人三部曲》研究》（臺北：文化大學中國文學研究所碩士論文，1995年）。

13. 郭秀理：《論鍾肇政的魯冰花》（臺東：臺東師範學院兒童文學研究所碩士論文，2001年）。

14. 郭慧華：《鍾肇政小說中的原住民圖像書寫》（臺北：臺灣師範大學國文系在職進修碩士學位班碩士論文，2003年）。

15. 陳美燭：《桃園縣K12數位學苑臺灣文學網路讀書會之研究——以鍾肇政課程爲例》（嘉義：中正大學臺灣文學研究所碩士論文，2010年）。

16. 曾盛甲：《鍾肇政小說鄉土情懷之研究——以《大壩》與《大圳》爲例》（臺北：臺灣師範大學國文系在職進修碩士學位班碩士論文，2004年）。

17. 曾玉菁：《鍾肇政《插天山之歌》及其改編電影之研究》（臺北：交通大學客家文化學院客家社會與文化碩士在職專班碩士論文，2008年）。

18. 黃靖雅：《鍾肇政小說研究》（臺北：東吳大學中國文學研究所碩士論文，1993年）。

19. 黃妙娟：《生命教育課程融入國語文學習領域教學對國小中年級學童生命態度、家庭倫理觀與人群關係影響之研究》（高雄：高雄師範大學教育學系碩士論文，2005 年）。

20. 黃淑芬：《國小高年級學童生命態度與人際關係之相關研究》（高雄：高雄師範大學教育學系碩士論文，2005 年）。

21. 楊明慧：《臺灣文學薪傳的一個案例——由吳濁流到鍾肇政、李喬》（臺中：東海大學中國文學系碩士論文，2003 年）。

22. 董砡娟：《鍾肇政小說中反殖民意識之研究——以《臺灣人三部曲》、《怒濤》為例》（臺東：臺東大學教育研究所碩士論文，2007 年）。

23. 劉奕利：《臺灣客籍作家長篇小說中女性人物研究——以吳濁流、鍾理和、鍾肇政、李喬所描寫日治時期女性為主》（高雄：高雄師範大學國文學系碩士論文，2004 年）。

24. 劉玉慧：《歷史記憶與傷痕的書寫——鍾肇政《怒濤》研究》（臺中：中興大學臺灣文學研究所碩士論文，2009 年）。

五、網路資訊（依網站筆劃排序）

1. 大河浩蕩——鍾肇政數位博物館 http://www2.tyccc.gov.tw/jjj/。

2. 中央社 http://news.cts.com.tw/cna/entertain/201010/201010290596874.html。

3. 臺灣客家文學館 http://literature.ihakka.net/hakka/author/zhong_zhao_zheng/default_author.htm。

4. 臺灣發展史 http://61.60.100.220/chop14-1.htm。

5. 臺灣文學 http://dcc.ndhu.edu.tw/literature/author26.htm。

6. 周大觀文教基金會 http://www.ta.org.tw/web/a1.html。

7. 國家圖書館期刊文獻資訊網 http://readopac.ncl.edu.tw/nclJournal/。

8. 教育部生命教育學習網 http://life.edu.tw。

9. 教育部品德教育資源網 http://ce.naer.edu.tw/hot_news.php。

10. 臺灣博碩士論文知識加值系統 http://ndltd.ncl.edu.tw/cgi-bin/gs32/gsweb.cgi/login?o=dwebmge&cache=1281361089562。

11. 數位圖書館 http://www.wenxue.com/scene/south/002.htm。

貳、英文部份

1. Aboud, F. Children and Prejudice（New York: Basil Blackwell, 1988）.

2. Best, R. Education for Spiritual, Moral, Social and Cultural Development（London: Continuum, 2000）.

3. Daniels, H. Literature Circles: Voice and Choice in the Student-Centered Classroom（New York, ME: Stenhouse Publishers, 1994）.

4. Guildford, J. P. Creative Talents: Their Nature, Uuses and Development（New York: Bearly, 1986）.